Pescadores de corações

Comprando este livro você estará ajudando as Obras
Novo Caminho fundadas pelo padre Antonio Maria.
Seja você também um amigo do Novo Caminho!
Telefone: (11) 3902-4717
www.fmservasdospequeninos.com.br

PADRE ANTONIO MARIA

Pescadores de corações

São Paulo
2011

UNIVERSO DOS LIVROS

© 2011 by Universo dos Livros
Todos os direitos reservados e protegidos pela Lei 9.610 de 19/02/1998.
Nenhuma parte deste livro, sem autorização prévia por escrito da editora, poderá ser reproduzida ou transmitida sejam quais forem os meios empregados: eletrônicos, mecânicos, fotográficos, gravação ou quaisquer outros.

Diretor-Editorial: **Luis Matos**
Editora-Chefe: **Marcia Batista**
Editora-Assistente: **Carolina Evangelista** e **Noele Rossi**
Preparação: **S4 Editorial (Sandra Scapin)**
Revisão: **Jeanne Wu** e **Letícia Vendrame**
Arte: **Camila Kodaira** e **Stephanie Lin**
Capa: **Zuleika Iamashita**
Foto da capa: **Marcello Garcia**
Fotos do miolo: **Acervo pessoal do autor**

Dados Internacionais de Catalogação na Publicação (CIP)
(Câmara Brasileira do Livro, SP, Brasil)

A635p   Antonio Maria, Padre.

      Pescadores de corações / Padre Antonio Maria . – São Paulo: Universo dos Livros, 2011.
    192 p.

    ISBN 978-85-7930-285-5

    1. Autoajuda. 2. Cristianismo. I. Título.

                       CDD 200

Universo dos Livros Editora Ltda.
Rua do Bosque, 1589 – Bloco 2 – Conj. 603/606
CEP 01136-001 – Barra Funda – São Paulo/SP
Telefone/Fax: (11) 3392-3336
www.universodoslivros.com.br
e-mail: editor@universodoslivros.com.br
Siga-nos no Twitter: @univdoslivros

A Jesus, sumo e eterno sacerdote, por ter me dado a graça de fazer parte do seu sacerdócio. E à Maria, mãe de todos os sacerdotes. Minha mais que querida mãe.

Agradecimentos

À Marcia Batista por ter acreditado que eu seria capaz de escrever este livro. Ao meu sobrinho-neto doutor Antonio Carlos Junior, que me assessora juridicamente nas minhas obras, pelo incentivo e apoio em todos os momentos. Às irmãs Ismaílda e Roberta por me ajudarem a digitá-lo, já que eu me sinto melhor escrevendo a mão. A todas as minhas filhas da comunidade das *Filhas de Maria Servas dos Pequeninos* pelas orações que fizeram para que este livro se tornasse realidade. Aos meus filhos do coração por serem sempre, em tudo o que eu faço, fonte inesgotável de ânimo e inspiração. E a você leitor por ser a razão de eu ter escrito essas páginas. Que este livro contribua para que muitos corações se sintam pescados e se tornem pescadores.

Apresentação

Certo dia, recebi um telefonema de Marcia Batista, editora da Universo dos Livros. Ela solicitava que eu encontrasse um tempinho na minha agenda para conversarmos sobre a possibilidade de a Editora publicar um livro escrito por mim.

Expliquei-lhe que escrever livros não era meu forte, mas disse que poderíamos conversar!

Naturalmente, ela quis saber quando nos encontraríamos. Eu estava no Pará, com viagem marcada para Belém, mas lembrei-me de que no dia seguinte iria gravar as quatro músicas que faltavam para meu novo CD, Novo Caminho. Propus que nos encontrássemos no estúdio e ela aceitou. Disse-lhe, então, que combinaria com o maestro; como a gravação estava marcada para as 20 horas, eu chegaria mais cedo e teríamos nossa conversa.

"Ótimo, padre!", ela disse, e nos despedimos.

No dia seguinte, o trânsito de São Paulo me fez chegar um pouco atrasado ao encontro que havia marcado com Marcia, mas ela me esperava paciente e com um sorriso sincero.

Ao me ver, ela se emocionou e disse que aquele encontro era um sonho, e respondi-lhe: "Filha, sou apenas seu irmão mais velho...".

Refeita da emoção, que também me contagiou, Marcia apresentou-me sua proposta. Queria que eu escrevesse um livro intitulado "Pescadores de Corações", pois, como ela disse, eu, enquanto sacerdote, já havia pescado muito e poderia falar dessas "pescas", tecendo um paralelo com outras pessoas que também foram pescadoras de corações. Marcia sabia argumentar; disse que as pessoas mereciam conhecer minhas experiências e que mereciam, também, saber que muitos outros pescadores de corações haviam dedicado a vida a lançar redes, a fazer o bem, e que eram exemplos e fonte de ânimo para muitos e muitos outros pescadores.

Confesso que o título me atraía, pois traduzia o motivo pelo qual deixei minha casa e minha família. Lembrei-me, então, de que em 2011 estava celebrando 50 anos – bodas de ouro – de entrada para o seminário. Faz cinquenta anos que deixei as redes, não precisamente na praia, mas na sala, na cozinha, nos quartos, no quintal e no jardim de minha casa, na Corrêa Seara, em Magalhães Bastos, subúrbio do Rio de Janeiro. Cinquenta anos que parti para outras margens com um único sonho: ser padre, ser pescador de corações. Teria, então, chegado a hora de testemunhar minha felicidade e gratidão?

Ainda que fascinado por aquele título, eu tinha minhas dúvidas. Terei tempo para escrever? Terei capacidade para isso?

Interrompendo meu silêncio pensador, Marcia "vendeu seu peixe" e me convenceu! Por fim, eu lhe disse: "Tudo bem, filha, vamos tentar. Vou escrever um capítulo, mostro a você, e depois diga se vale a pena continuar ou se vou ficar mesmo na praia a ver navios...".

Satisfeita por eu ter aceitado a empreitada, ela procurou fazer com que me sentisse à vontade: "Conte suas vivências, padre. O senhor vai ver quanta coisa boa tem a dizer para o mundo".

Assim, encerrando nossa conversa, eu disse à Marcia que, como viajaria para Belém no dia seguinte e teria tempo durante o voo, já tentaria escrever algo. E nos despedimos.

No aeroporto, comprei um caderno verde e, cheio de esperança, preparei-me para iniciar a tarefa com uma prece a Jesus:

"Senhor, por causa de tua palavra lançarei a rede! (Lucas 5, 5)
Que eu saiba, meu Deus, lançá-la para o lado que me ordenares. Que a pesca seja abundante. (João 21,6)
Sabes que sou mais pecador que pescador, mas saberás dar um jeitinho nesse 's' que faz a diferença".

Padre Antonio Maria

Sumário

1 O pescador que foi e é peixinho...15

2 O pescador e seu primeiro peixe 35

3 A pescadora de chapelão branco 39

4 A pescadora que morava à beira do riacho 47

5 A pescadora do lar 53

6 O pescador que era pedreiro 61

7 A pescadora doce e dócil 69

8 O pescador corcundinha 79

9 O pescador que cantava ópera 91

10 O pescador número 29392 109

11 A pescadora que veio do México 117

12 O pescador "vermelho" 129

13 O pescador que tremeu e fez tremer 135

14 Os pescadores que pescaram o pai 141

15 O pescador do Juazeiro 149

16 O pescador que foi aprendendo a pescar 159

17 As pescadoras dos pequeninos 167

18 O pescador das muitas emoções 175

19 O pescador dos pescadores 183

Sobre o autor...191

1

O pescador que foi e é peixinho

Fui peixe, fui pescado, e Deus me fez pescador, mas continuo peixe – meu coração continua a ser pescado.

Quantos pescadores de corações encontrei e encontro em minha caminhada! Quanto bem me fizeram suas iscas e suas redes, que me levaram e me levam para águas mais profundas. (Lucas 5, 4).

> Levou tempo até eu entender que Deus também queria fazer de mim um pescador. Pescador de corações.

Levou tempo até eu entender que Deus também queria fazer de mim um pescador. Pescador de corações. Foi uma luta desigual entre o pescador Divino e o peixinho sonhador. Quando mordi a isca de Deus, e Ele me levou para outras águas, muitos pensaram que o peixinho estava indo para um aquário, pois a imagem que muitos têm de seminário é até pior: uma prisão, um quartel.

Quando me decidi pelo sacerdócio, muitas pessoas, até mesmo algumas ligadas à Igreja, disseram: "Que desperdício!".

Será que Pedro também ouviu isso? E André, seu irmão? E Tiago? Pode ser que João, o mais jovem dos quatro pescadores do mar da Galileia, irmão de Tiago e filho de Zebedeu (Mateus 4, 18-22), tenha ouvido.

Na época da minha decisão, eu não era nenhum Elvis Presley, mas, como dizia Dona Mavília, minha mãe, eu não "metia nojo aos cães". Era um jovem como outro qualquer, que gostava de música, tinha ídolos e, por incrível que pareça, até topete.

Sempre fui da Igreja – eu ajudava o padre na celebração da missa, sabia responder em latim, fui instrutor de novos coroinhas e, aos 15 anos, ingressei na Congregação Mariana –, mas não me passava pela cabeça a ideia de ser padre.

Queria mesmo era ser cantor. Gostava de ir aos programas de auditório da Rádio Nacional, levado por minha irmã Carmelina, onde tive o privilégio de ver ao vivo e a cores astros e estrelas da época cantando nos programas de César de Alencar, Manuel Barcelos e Paulo Gracindo.

Era fascinante ver e ouvir Angela Maria, Nelson Gonçalves, Dolores Duran, Marlene, Emilinha Borba, Cauby Peixoto, Carlos Galhardo, Linda e Dircinha Batista e tantos outros. Um dia, Angela Maria passou por mim e me fez um carinho – o toque de uma deusa! Que honra, meu Deus! Ela, a rainha do rádio, tocou em mim. Hoje, somos amigos. Ela me chama de Tuniquinho, com todo carinho, e continua sendo uma estrela de brilho inigualável.

Minha irmã Lina era "marlenista" e me fez ser também, de modo que, nas festinhas e nos programas de calouros infantis, eu cantava as canções que eram sucesso na voz de Marlene. E ganhava prêmios! Prêmios simples, mas muito valiosos para minha apreciação infantil.

O primeiro que ganhei foi um pratinho de porcelana, um troféu que guardo até hoje. Na gravação do meu DVD em Mariana, Minas Gerais, tive a grata surpresa de ver a incomparável Marlene entrar no palco com esse pratinho de porcelana nas mãos. Não posso descrever a alegria e a emoção que senti. Foi muito forte! Cantamos juntos, de improviso, o "nosso" sucesso: "Zé Pequeno".

*

Como escrevi antes, eu era instrutor de novos coroinhas e, para facilitar o aprendizado, "celebrava" a missa como se fosse padre. Vovó até preparou os três paninhos necessários para a celebração: corporal, sanguíneo e manustégio.

O paninho corporal era um tecido de linho, engomado, de trinta por trinta centímetros, mais ou menos; o sanguíneo era, outro paninho para enxugar o cálice no final da purificação, que se fazia após a comunhão; e o manustégio era para enxugar as mãos do padre após o lavabo, momento em que o sacerdote lava as mãos depois do ofertório.

Para ajudar na minha tarefa, o padre Aldemar Ferrari, nosso pároco, me emprestava um cálice velho e permitia que eu pegasse uma hóstia grande, para colocar na patena, e que usasse as duas galhetas, uma com água e a outra com vinho de verdade.

Eu só não consagrava, é claro, mas o pouco de vinho que havia na galheta, eu tomava. Se não fizesse isso, como é que os meninos iriam aprender a ajudar o padre na purificação? Era questão de praticidade...

Uma tarde, após minha aula aos novos coroinhas, estávamos reunidos no pátio da casa paroquial quando o padre Ferrari lançou a pergunta:

– Quem de vocês quer ser padre?

Silêncio...

– Deus me livre! – eu disse categórico, interrompendo o silêncio.

– Deus te livre por quê, Toninho?

– Ah, padre, imagina eu de batina preta como o senhor andando pela rua e... e...

Pescadores de corações 17

– Fala!

– E os meninos gritando: "olha o urubu!". Não, padre, não! E depois, padre não casa, não é? Eu não tenho vocação!

– Toninho, Toninho. Cuidado, meu filho. Os que dizem assim tão depressa que não têm vocação são os que têm.

– Não, eu não!

– Experimenta, vai para o seminário e lá você poderá descobrir se tem ou não vocação.

Voltei para casa de bicicleta, parecia que a cada pedalada a pergunta vinha à minha mente: "E por que não?". A resposta também: "Não, não, vou ser é cantor".

O certo é que, a partir daquele dia, não tive mais sossego. A pergunta voltava constantemente e comecei a receber sinais do chamado, mas eu tinha minhas desculpas para todos eles. Mais tarde, constatei que isso aconteceu com muitos personagens bíblicos conhecidos. Quando Deus chamou Moisés para libertar o povo do Egito, ele tentou escapar por todos os lados: "Eles não me crerão, nem me ouvirão, e vão dizer que o senhor não me apareceu" (Exôdo 4, 1). Moisés até usou como desculpa o fato de ser gago: "Ah, Senhor! Eu não tenho o dom da palavra; nunca o tive, nem mesmo depois que falaste ao vosso servo, tenho a boca e a língua pesadas" (Exôdo 4, 10).

Isaías também teve suas desculpas: "Ai de mim! Estou perdido porque sou um homem de lábios impuros e habito com um povo também de lábios impuros" (Isaías 6, 5).

E Jeremias? Igualzinho. Querendo escapar, ele dizia: "Ah! Senhor Javé, eu nem sei falar, pois sou apenas uma criança" (Jeremias 1, 6).

Então, não chega a ser estranho que eu também tivesse tido minhas desculpas, afinal, até a Virgem apresentou as suas ao anjo. No caso dela, não eram bem desculpas, mas dúvidas: "Como se dará isso?" (Lucas 1, 34). A resposta para Maria foi: "O

Espírito Santo descerá sobre ti e o poder do Altíssimo te cobrirá com sua sombra" (Lucas 1, 35).

Eu não tinha capacidade de pensar que, se estivesse mesmo sendo chamado, Deus daria seu jeito, pois todos os que se desculparam foram vencidos pelo Senhor.

A Jeremias, que se achava uma criança, ele disse: "Eis que coloco minhas palavras em teus lábios. Vê; dou-te hoje poder sobre as nações e sobre os reinos para arrancares e demolires, para arruinares e destruíres, para edificares e plantares" (Jeremias 1, 9-10).

A Isaías, que se achava impuro, Deus enviou um serafim que lhe tocou os lábios e disse: "Tendo esta brasa tocado teus lábios, teu pecado foi tirado". E Deus acrescentou: "Quem enviarei eu? E quem irá por nós?". (Isaías 6,6-8). Isaías respondeu positivamente e foi.

A Moisés, o gago, Deus disse: "Quem deu uma boca ao homem? Quem o faz mudo ou surdo? Faz vidente ou cego? Não sou eu, o Senhor? Vai, pois, eu estarei contigo quando falares e ensinar-te-ei o que terás a dizer" (Exôdo 4, 11-12).

No fundo, no fundo, eu estava sentindo o chamado, mas, em mim, ainda estava habitando aquele jovem do evangelho que, ao ser convidado por Jesus a deixar tudo e segui-lo, "vai embora muito triste, porque possuía muitos bens" (Mateus 19, 22).

Eu ainda não tinha consciência de que, deixando tudo e seguindo Jesus, estaria seguindo aquele a quem "todo o poder foi dado no céu e na terra e que Ele estaria sempre comigo até o fim do mundo" (Mateus 28, 17-20), por isso eu hesitava.

Também não imaginava que, me chamando ao seu sacerdócio, Ele me daria as condições necessárias; afinal, não foi assim que fez ao escolher seus apóstolos, tão cheios de defeitos e de interrogações?

Marcos narra: "Depois, subiu ao monte e chamou os que Ele quis. E foram a Ele. Designou doze dentre eles para ficar em sua companhia. Ele os enviaria a pregar, com o poder de expulsar os demônios" (Marcos 3, 13-15).

Quanto ao fato de não casar, de não constituir família, eu ainda não sabia que quem deixasse tudo "por amor ao reino de Deus – sua casa, sua mulher, seus irmãos, seus pais ou seus filhos – receberia muito mais neste mundo e, no vindouro, a vida eterna" (Lucas 18, 29-30). E, menos ainda, sabia que Jesus havia dito a seus discípulos: "Nem todos são capazes de compreender o sentido dessa palavra, mas somente aqueles a quem foi dada. Porque há eunucos que o são desde o ventre de suas mães e há eunucos tornados tais pelas mãos dos homens, e há eunucos que a si mesmos se fizeram eunucos por amor do reino do céus. Quem puder compreender, compreenda" (Mateus 19, 11-12).

*

Com minhas dúvidas, fui levando a vida. Era 1960. Eu estudava à noite, no Ginásio Rosa da Fonseca, na Vila Militar, e, nesse tempo, comecei a prestar atenção em uma colega de classe. Ela se chamava Fátima. Trocávamos olhares, sorrisinhos amarelos, e nada além disso. Então, eu pensava: "Logo agora encontrei a Fátima. Mais um motivo para realmente acreditar que não tenho vocação para padre".

Os meses foram passando...

Um dia, Fátima deixou um bilhetinho na minha carteira: "É verdade que você está gostando da Fátima?". E eu respondi no verso do bilhete: "Não estou gostando... Estou apaixonado!".

Era mais ou menos metade do ano. Depois disso, nos falamos até com bastante frequência, mas não era um namoro. Os tempos eram outros!

Foi então que recebi pelo correio uma carta da Irmã Maria José, uma Filha da Caridade já idosa, que trabalhara na Escola

Paroquial com outras irmãs de sua comunidade, e que fora transferida, se não me engano, para Barbacena. O envelope vinha endereçado ao jovem Antonio Moreira Borges e essa era a primeira carta que eu recebia pelo Correio. Nela, Irmã Maria José me enviava uma lembrança da ordenação de um padre salesiano: padre Jayme Dilascio Teixeira. Aquela lembrança não era um santinho, mas um folheto no qual ele explicava o que é a vocação sacerdotal e como um jovem pode discernir se tem ou não vocação. Ah, aquilo mexeu comigo! Agora, escrevendo, lembro que Irmã Zoé Jabour, que exerceu um papel predominante em minha vida, costumava me perguntar por que eu não ia para o seminário.

Na sequência desses acontecimentos, houve a visita pastoral de dom Jaime de Barros Câmara à nossa paróquia. Numa tarde, ele foi ao confessionário para ouvir os jovens que iam ser crismados em confissão, e lá fui eu para a fila.

Aprendi na catequese que, ao me ajoelhar para a confissão, devia dizer: "Padre, dai-me a vossa bênção, porque pequei". Mas ali estava um cardeal! Como deveria chamá-lo? Não, não poderia dizer simplesmente "padre". Então, ajoelhei-me e, solenemente, disse: "Senhor cardeal, dai-me a vossa bênção, porque pequei". Vi que ele gostou e foi logo dizendo:

– Muito bem! Muito bem!

E eu pensava: "Quando eu contar meus pecados, não sei se vai continuar dizendo 'muito bem'".

Rezei o "Eu Pecador", como era de praxe, só num tranco, sem engasgar, e ele:

– Muito bem! Muito bem! E quais são os seus pecados?

Contei os que tinha, e ele:

– Muito bem! Muito bem! Você já pensou em ser padre?

– Não, senhor cardeal... – respondi, enquanto pensava: "Que mentira, meu Deus!".

– Mas, sabe, meu filho, acho que você poderia pensar. Olha, vou ficar na cidade mais alguns dias. Caso você queira ir para o

Pescadores de corações 21

Seminário São José, eu vou pessoalmente à sua casa falar com seus pais e lhe dou uma relíquia de Santa Terezinha.

Então, pensei: "Pelo amor de Deus! O cardeal lá em casa!". Naquele tempo, as coisas eram mais solenes, mais formais. Quem éramos nós para receber um cardeal em casa? Assim, logo descartei a ideia.

– Senhor cardeal, eu não tenho vocação!

– Meu filho, como você pode afirmar isso? Pense bem. Reze e, com certeza, Jesus vai mostrar. Agora, reze o "Ato de Contrição".

Nem me lembro qual foi a penitência que ele me deu – talvez tenha sido rezar dez Ave-Marias –, só sei que saí dali correndo feito bala e pedindo a Deus que me defendesse de mais um, quando encontrei dona Lilia.

Dona Lilia foi minha catequista do tempo da Cruzada Eucarística, dela guardo as melhores recordações. Posso afirmar que foi uma grande pescadora de corações e, em especial, do meu. Aprendi muito com aquela mulher, que era uma pessoa totalmente dedicada à evangelização e à caridade. Ainda guardo um papelzinho com a letra de um canto religioso que ela mesma escreveu.

– Fugindo do cardeal? – perguntou dona Lilia.

– Dona Lilia, o que é uma relíquia?

– É um pedaço do corpo de um santo!

– O quê? O cardeal me disse que, se eu for para o seminário, me dará uma relíquia de Santa Terezinha. Já pensou!?

– Toninho, Santa Terezinha rezou muito pelas vocações e pelos padres. Vou rezar a ela para que você descubra sua vocação e entre no seminário.

Eu queria responder: "Não, não faça isso não, dona Lilia!!!", mas, por respeito, não disse nada e a resposta ficou só no pensamento. Mas, confesso: aquela investida do cardeal me baqueou.

Já que falei de dona Lilia, aproveito para agradecer a Deus por ela e por todas aquelas que foram minhas catequistas: dona

Hilda, dona Antônia, Maria, irmã da madrinha da minha irmã – hoje, todas estão na eternidade. Que Deus as recompense pelo bem que me fizeram, testemunhando na vida aquilo que me ensinaram. Agradeço, de coração, a dona Adélia Guina, minha catequista da primeira comunhão – a única que ainda está entre nós. Que Deus lhe dê muita força espiritual para sua atual caminhada.

*

Vieram outras investidas, e eu lutava contra elas. Na verdade, perdi a luta, mas sei que isso foi um ganho. Vale aqui lembrar as palavras de São Paulo aos Filipenses: "Mas tudo isso que para mim eram vantagens, considerarei perda por Cristo. Na verdade, julgo como perda todas as coisas, em comparação com esse bem supremo: o conhecimento de Jesus Cristo, meu Senhor" (Filipenses 3, 7-8).

Jacó, quando brigou com o anjo, ganhou a luta e recebeu até outro nome – Israel – "porque lutou com Deus e com os homens, e venceu" (Gênesis 32, 28).

Israel quer dizer isso mesmo: "aquele que luta com Deus". Eu lutei e perdi. Deus ganhou, e mais tarde mudei de nome. Mas contarei sobre isso em outra ocasião. Ainda devo narrar algumas outras batalhas, dentre as quais a decisiva.

Um dia, fui acometido por uma gripe muito forte e fiquei de cama. Uma vizinha, que morava numa das casinhas que meu pai alugava, veio me visitar. Além de ser enfermeira, ela era muito religiosa; e ao ver uma imagem de Santo Antonio na minha cabeceira (lembro que comprei essa imagem quando tinha 11 anos, com o dinheirinho que fui guardando, minha primeira compra pessoal), ela disse:

– Toninho, por que você não vai ser padre?

– Padre não casa – respondi.

– Eu também não casei – disse ela –, e fiz isso consciente, para acompanhar minha mãe e cuidar dela. Mas nem por isso deixo de ser feliz. Quando a gente faz uma escolha, Toninho, deixa de fazer outra, mas se essa renúncia for por amor, então é maravilhoso!

Nesse momento lembrei-me de que mamãe falava muitas vezes em "renúncia", principalmente quando se referia à vida matrimonial. "Sem renúncia a gente não chega a lugar nenhum. Quem tudo quer abraçar, aperta pouco", dizia ela.

Minha cabeça dava voltas. Era a febre, mas também, com certeza, era o fogo de Deus que já ia me queimando.

– Toninho, já que o seu problema é não poder se casar, por que você não entra na Ordem Terceira Franciscana?

– O que é isso?

– Eu sou da Ordem Terceira, na Igreja do Santo Sepulcro, em Cascadura. Sou consagrada. Lá, também usamos hábito, e muitos irmãos e irmãs são casados.

– Tá aí uma coisa boa! Serei de Deus, mas não preciso ir para o seminário... E poderei casar.

Claro que eu não sabia nada sobre ordens terceiras, mas, no quarto domingo do mês, peguei o ônibus Cascadura-Barata e fui à Igreja do Santo Sepulcro apresentar-me como candidato.

Apresentaram-me um senhor de idade avançada e disseram-me: "Este é o 'mestre de noviços', é quem vai preparar você".

Fiz toda a preparação necessária. Não falava muito disso em casa e nem na Igreja, pois tinha medo que meu pároco não gostasse que eu estivesse me "infiltrando" em territórios de outros padres. Numa noite, ingressei solenemente no noviciado da Ordem Terceira. Eu estava sozinho. Parecia mesmo um tipo de fuga do plano que Deus traçara para mim. Escolhi o nome de Irmão Vicente de Paulo, ao receber a corda franciscana que, por ser noviço, devia usar por dentro da roupa. Foi um tempo abençoado, do qual jamais vou me esquecer. Aprendi a amar

São Francisco e me identificava muito com ele. É um orgulho para mim ser um franciscano da ordem terceira. Mas Deus não sossegava. Ele me queria padre mesmo. Que luta!

*

Era o mês de setembro. Numa quinta-feira chuvosa, minha irmã Carmelina, a Lina, começou a ter contrações. Estava para nascer a criança que todos esperávamos com tanta alegria e ansiedade. Será menina? Será menino?

Eu participara muito do período de gravidez da minha irmã. Como meu cunhado trabalhava na cidade, eu a acompanhei durante todo o tratamento pré-natal. Sonhávamos juntos com esse presente que Deus estava dando à nossa família. Quantos planos!

Fui de ônibus até Deodoro chamar um táxi. Naquele tempo, só havia lá um ponto de táxi e, graças a Deus, encontrei o senhor Macedon, amigo da família, que veio prontamente, trazendo-me com ele.

Ao descer as escadas de casa, Lina me entregou uma oração e uma vela e disse:

– Toninho, acende essa vela e reza essa oração por mim e pela criança, tá?

Abraçamo-nos emocionados e ela entrou no táxi.

Assim que o táxi virou na esquina, fui acender a vela e rezar a oração. Era a São Raimundo Nonato. Eu nunca tinha escutado falar desse santo, mas rezei a ele com todas as forças de minha fé e de meu coração. Depois fiquei sabendo que ele se chamava Nonato, porque não havia nascido normalmente, tinha sido tirado "a ferro", como se dizia quando o médico utilizava o fórceps.

Não imaginava que o mesmo aconteceria com minha sobrinha, que nasceu naquele dia com ajuda do fórceps, causando grande sofrimento para mãe e filha.

Ana Cristina, minha sobrinha, ficou entre a vida e a morte. Lina, minha irmã, levou consigo, até o fim da vida, uma hérnia umbilical séria, resultante do parto, mesmo tendo passado por algumas cirurgias mais tarde. Meu cunhado, esse homem que aprendi a admirar e amar como um irmão, não disse nada para não nos assustar. Só no domingo pudemos visitar minha irmã e a pequena Ana Cristina, e lá fomos nós à maternidade.

Quando entrei no quarto, Lina, ao me ver, disse chorando:

– Toninho, nosso sonho acabou...

– Como assim, Lina? Que sonho?

– A nenê está muito mal... Não vai resistir, meu irmão.

Luiz, meu cunhado, tentou acalmar a esposa e explicou que, na verdade, a nenê corria risco. Tentamos vê-la, mas não foi possível. Porém, para minha irmã, dissemos que a tínhamos visto e que era linda... E que logo ficaria boa.

> Quero lhe dizer, Pai do céu, que se essa for realmente a sua vontade, me mostre.

Voltamos para casa desolados. Quase não falávamos uns com os outros.

O trem da Central do Brasil corria sobre os trilhos levando-nos a Magalhães Bastos. Todos absortos em nossa tristeza e preocupação.

De repente, senti que era o momento de tomar uma atitude: vou falar com Deus, pedir a ajuda d'Ele. Então, fechei os olhos e, como se estivesse cara a cara com Ele, eu disse:

– Pai do céu, o senhor sabe o quanto essa menina é importante para nós. Por favor, não deixe que ela morra. Por favor, Pai do céu! Eu sinto que o senhor está me chamando para ser padre. Não tenho certeza se é isso mesmo, mas, agora, quero lhe dizer, Pai do céu, que se essa for realmente a sua vontade, me mostre, me diga alguma coisa. Dê-me algum sinal que eu vou! Eu vou, se o Senhor realmente quiser, mas não deixe essa menina morrer, por favor!

Quando chegamos à estação de Magalhães Bastos, disse a meus pais que queria ir à Igreja antes de ir para casa. Lá, rezei ajoelhado diante de Nossa Senhora das Graças. Ali, onde há quase dois anos eu me ajoelhara levando à Mãe Santíssima o buquê de noiva que Lina, ao partir para a lua de mel, me pedira que entregasse a ela.

Ali, diante de Nossa Senhora, chorei bastante. Não me lembro de ter rezado alguma oração formal, mas as lágrimas diziam tudo.

Eu estava ali, na pequena e simples igrejinha matriz de São José, e o Deus que ali morava, de certo modo, também me dizia: "Ouvi a tua oração e vi tuas lágrimas. Por isso vou curar-te" (II Reis 20, 5).

Saí reconfortado, esperançoso, e Ele, o Senhor da vida e da história, "ficou tomado de compaixão" (Mateus 9, 36). Então, Ele começou a curar-me e, com certeza, a curar também minha sobrinha.

Logo que saí da igreja, encontrei o senhor Máximo La Cava, presidente da Congregação Mariana. Ele tinha filhos quase da minha idade, era um amigo querido e íntimo.

– E aí, Toninho? Fiquei sabendo que a Lina teve uma menina.

– É, La Cava, mas as coisas não estão muito bem...

Expliquei a situação e contei também da minha situação pessoal em relação à vocação. Disse-lhe que havia feito um pacto com Deus, e que se Ele me desse um sinal eu o seguiria para sempre, mas que, em troca, eu pedia a vida da Ana Cristina.

Anos mais tarde fiquei feliz ao ler o Salmo 85, 17, em que o salmista também pediu a Deus um sinal: "Dai-me uma prova de vosso favor".

La Cava me disse:

– Toninho, vem comigo! Vamos à minha casa. Lá eu tenho um livrinho que é de grande ajuda em minhas atribulações e dúvidas. Quando não sei o que fazer, peço a Deus que me oriente. Então, abro o livrinho ao acaso e Deus sempre me apresenta a resposta.

– Mas, e se Ele quiser mesmo que eu vá para o seminário?

– Só tem um jeito: ir! Mas vamos lá. Deus, com certeza, vai falar ao teu coração.

Fomos. Na sala da casa do La Cava e da Maninha, sua esposa, peguei o livrinho nas mãos. Ele se chamava *Imitação de Cristo*.

– Pede a Deus, Toninho, do fundo do seu coração, para Ele dizer o que você deve fazer.

> Fechei os olhos e, do fundo do coração, pedi a Deus: "Fala alguma coisa, Deus! Dá-me um sinal!".

Fechei os olhos e, do fundo do coração, pedi a Deus: "Fala alguma coisa, Deus! Dá-me um sinal!".

Abri o livrinho. Foi um momento muito sério para mim. Na página à esquerda não havia nada escrito, e na página à direita se iniciava um capítulo. Entendi que Deus havia disposto as páginas daquela maneira para que não houvesse nenhuma dúvida quanto a página que deveria ler. Era aquela folhinha da direita. E li: "O reino de Deus está dentro de vós, diz o senhor (Lucas 17, 31). Converte-te a Deus de todo o coração. Deixa esse mundo miserável e tua alma encontrará descanso."

Não precisei ler mais nada. Acreditei que Deus me falara.

Eu precisava realmente converter-me, dar a volta e mudar de rumo. Só assim encontraria descanso. Então entendi a reação de Jeremias, que também teve suas desculpas, e, ao decidir-se, disse: "Seduzistes-me, Senhor, e eu me deixei seduzir" (Jeremias 20, 7).

De repente, minha vida deu uma guinada. Comecei a acreditar que Deus me queria padre. E o cantor? Não era esse o meu sonho? "Meus pensamentos não são como os vossos pensamentos, e vossos caminhos não são como os meus caminhos" (Isaías 55, 8).

De repente, à beira-mar da vida, Jesus chega e diz: "Segue-me! Deixa as redes. Farei de ti pescador de homens, de corações".

Pescador rimava com cantor, mas eram outras praias... Lutei, lutei e perdi. Jesus convenceu e venceu... E lá fui eu!

E por que eu, se havia tantos rapazes exemplares na Congregação Mariana, todos inteligentes, conhecedores da doutrina, bem falantes, engajados? Por que eu?

O mesmo se pode perguntar de Pedro, de André, de Tiago e de João – por que eles?

Um empresário do nosso tempo escolheria tipos como aqueles para dar início a um empreendimento gigantesco, universal, milenar? Que formação tinham aqueles homens? Que faculdades teriam frequentado? Que diplomas ostentavam?

Eram apenas pescadores. Entendiam apenas de barcos, redes, mares, ventos, peixes. A esses, Jesus chamou para serem os primeiros de sua "empresa", e como eles só entendiam de pesca, disse-lhes que os tornaria pescadores de homens.

A força de atração que Jesus possuía era algo que não se pode explicar. Só com um olhar e o imperativo "Vem!" ele virava uma vida pelo avesso, mudando totalmente o rumo de seus escolhidos. Dava-lhes outro nome. Para Jesus, isso não fazia nenhuma diferença. Eram pescadores e pecadores, e era com eles que Ele queria começar.

Da escolha de Jesus, poderíamos dizer também "Que desperdício!", "Que perda de tempo!", "O que se poderia esperar desses homens rudes e sem formação?", mas Jesus via naqueles homens muito barro para modelar, muito diamante para lapidar.

Ele sabia por que escolhera aqueles homens para fazê-los pescadores de corações. Sabia que eram homens determinados, obstinados, acostumados a enfrentar ventos e tempestades e, também, habituados à decepção de recolher redes vazias. Homens de pele crestada pelo sol, nada delicados, mas perseverantes, capazes de passar noites inteiras lançando redes sem sucesso – homens que não desistiam ante qualquer obstáculo. Precisavam de uma transformação, de uma conversão, mas nisso o Mestre era especialista e paciente. Teve que saborear

Pescadores de corações 29

muitas e muitas vezes como aqueles homens eram cabeça dura. Como eram sem inteligência e tardos de coração, como confundiam as coisas? (Lucas 24, 25). Como se deixavam levar pelo lado negativo de seu temperamento? (Lucas 22, 49) Como deixavam amedrontar-se? (Mateus 8, 25) Como eram mentirosos (Lucas 22, 57). Penso no chamado que Jesus me fez.

Muitos dos defeitos daqueles pescadores da Galileia, eu também os tinha e tenho. Se, pelo menos, tivesse alguma de suas qualidades! Quão longe e quão perto eu estava daqueles homens quando Deus me escolheu! A graça de Deus é capaz de realizar prodígios. "Sem mim, nada podeis fazer" (João 15, 5), mas com Ele podemos tudo. "Em verdade, vos digo: aquele que crê em mim fará as obras que eu faço e fará ainda maiores do que estas" (João 14, 12).

Deus sabe muito bem de que barro nos fez. A obra é d'Ele e é Ele quem atua e pode até das pedras fazer filhos de Abraão (Mateus 3, 1-9).

*

Há 35 anos Deus me fez sacerdote. Em meu cálice de ordenação, escrevi *Quia respexit humilitatem*[*], uma expressão que Maria usou em seu canto de louvor ao visitar Isabel em Ain Karim: "Porque olhou a pequenez, o húmus, a terra que sou".

Ninguém nos conhece mais do que Deus, nem nos ama mais do que Ele. Ninguém além dele, com sua capacidade transformadora, sua ação regeneradora e seu poder, é capaz de fazer voltar à vida um corpo que já cheirava mal (João 11, 39). O segredo está nisso, na força daquilo que salva. A palavra JESUS quer dizer exatamente isso: Deus que salva.

---

[*] Porque olhou a pequenez.

Quem acreditar nessa salvação tudo pode: "Tudo é possível àquele que crê" (Marcos 9, 23).

Certa ocasião li que uma das ordens que mais santos deu à Igreja foi a dos capuchinhos, e eles, em sua maioria, tinham sido porteiros, mendicantes, cozinheiros...

São Félix de Cantaliça, por exemplo, era um mendicante que não sabia ler nem escrever. Conta-se que um dia ele bateu à porta de um advogado e este, para humilhá-lo, levou-o à sua biblioteca e perguntou-lhe:

– Você conhece alguns destes livros? Claro que não, não é? Você não sabe nada!

– Eu conheço só cinco letras vermelhas e uma branca – ele respondeu.

– E que letras são essas? – quis saber o advogado.

– As cinco vermelhas são as chagas de Jesus, e a branca é a lágrima de Maria. Com essas letras eu sei tudo.

Nesses 35 anos de sacerdócio, Deus fez grandes coisas em mim; Ele foi e continua sendo o divino lapidador da minha vida. Por intermédio do meu sacerdócio, tem feito maravilhas em muitos corações, e se ainda não fez em seu coração, o único culpado sou eu, porque ainda há muito de Simão e pouco de Pedro em mim.

*

Ainda canta o galo...

Às vezes, também fico me aquecendo em torno da fogueira, mas entendo que, quanto mais me entrego a Ele, quanto mais me deixo educar por Ele, quanto mais me deixo guiar por sua luz, andar no seu caminho e viver sua verdade,

> Meu irmão e minha irmã, você já pensou que Jesus também o chama para ser um pescador de homens, de corações e de almas?

mais tenho sua vida em mim. Quanto mais revelo à Maria, sua mãe, a falta de vinho em mim, mais Ele me pede para encher as talhas de água e faz a mudança.

Meu irmão e minha irmã, você já pensou que Jesus também o chama para ser um pescador de homens, de corações e de almas? Não estou dizendo que tenha de deixar tudo para se tornar padre ou freira, mas apenas que Deus o chama a ser pescador de corações.

Pense em quais redes terá de deixar. Pense em qual direção os ventos estão soprando as velas do barco da sua vida. Pense nos remos que você está usando.

Ser um pescador de corações é a missão de todos os filhos de Deus, e não um privilégio de alguns. Sinta-se chamado por Jesus para ser um pescador de homens, de almas e de corações. Não pense que os "peixes" estão apenas em alto mar, no lago extenso ou no rio caudaloso. Os peixes – os homens, os corações, as almas e as pessoas – estão na sala da sua casa, em seu quarto, ao seu lado na condução. Pode ser um colega de faculdade ou de trabalho, pode ser um filho, um pai, um companheiro, um vizinho ou, até mesmo, um patrão ou um empregado.

Deixe-se guiar por Jesus. "Faça o que Ele disser".

Com redes rasgadas a pesca não costuma dar grandes resultados; então, primeiro conserte a sua rede, a sua vida. Uma virtude que imagino ser essencial ao pescador é a paciência; portanto, não desanime se seus primeiros lances forem infrutíferos. Vá tentando, pacientemente. Se quiser "pescar" um filho, por exemplo, não esqueça da recomendação de São Paulo: Pais, não exaspereis vossos filhos para que não desanimem (Efésios 6, 4). Às vezes, temos a intenção de pescar uma baleia, mas, talvez, o nosso mar só nos permita pegar uma sardinha, paciência! Hoje, a arte da pesca está muito desenvolvida; há iscas especiais, molinetes extraordinários, redes apropriadas. Mas a arte de pescar corações tem muito a ver com amor; se o pescador não mergulhar no mar do amor jamais conseguirá pescar.

No programa *Janela Aberta* da TV Nazaré, o apresentador Theo perguntou qual era a canção, religiosa ou não, que eu me pegava cantarolando quase que automaticamente, e respondi que era aquela do Dorival Caymmi, que diz:

> *"O pescador tem dois amor, um bem na terra, um bem no mar.*
> *O bem de terra é aquela que fica, na beira da praia quando a gente sai,*
> *O bem de terra é aquela que chora, mas faz que não chora quando a gente sai.*
> *O bem do mar é o mar, é o mar, que carrega com a gente, pra gente pescar..."*

Gosto demais dessa canção. Nem sei bem porque, mas ela está tão impregnada em mim que, talvez, seja a causa de minha missão de pescador.

Para ser pescador de corações é preciso ter dois amores: um bem da terra e um bem do céu. Tem de amar a Deus e ao "peixe", e se não houver essa fusão de amores, o mar não estará para peixe. "Tu me amas Pedro? [...] Apascenta as minhas ovelhas!"

Coincidência ou não (às situações que se costuma chamar de "coincidência", eu costumo dizer que são "deusdências"), no momento em que escrevo estas linhas, meu sobrinho-neto Junior, filho de minha sobrinha Ana Cristina, me telefona do Rio de Janeiro, onde foi realizar alguns trabalhos. Depois de me pedir a bênção e de perguntar como eu estava, ele me disse:

– Fale com uma pessoa que está aqui do meu lado.

– Está bem, filho!

– Oi, tio Nico! Bênção!

– Oi, Cristina! Deus te abençoe!

– Tio, só uma palavrinha, tá?
– Claro, minha filha!
– Eu te amo muito... Muito mesmo!
– Eu também.

2

O pescador e seu primeiro peixe

Sempre estive engajado na vida de minha paróquia, desde criança. Eu devia ter uns 13 anos quando irmã Zoé Jabour, Filha da Caridade de São Vicente de Paulo, que trabalhava na escola paroquial e era uma espécie de mãe espiritual para mim, me chamou e disse: "Toninho, tenho um trabalhinho para você. Você vai preparar um velhinho para a Primeira Comunhão".

Irmã Zoé era determinada. Nela também o "amor a Cristo urgia". Ela foi uma mestra em matéria de amor e de serviço ao próximo, aos pobres, aos velhinhos.

Nem em pensamento eu podia recusar a missão que a mim foi atribuída. Claro que duvidei de que daria conta do recado, mas, com ela, tinha que ser assim, tínhamos de sair na chuva e se molhar.

O velhinho viria à tarde.

Quando cheguei à escola paroquial, irmã Zoé veio com passos largos, balançando os braços, e movimentando levemente a cabeça para cima e para baixo com aquele chapéu branco de pano engomado que chamavam "corneta". Ela disse:

– Toninho, Toninho, vou te apresentar o vovozinho a quem você vai dar o catecismo.

Quando me vi frente a frente com meu "aluno", não pude acreditar. Fiquei paralisado, surpreso.

– Já pode dar a primeira aula, viu Toninho? – irmã Zoé se adiantou.

Eu continuava parado. Só Deus mesmo para ter visto a cara de espanto que eu fiz, pois irmã Zoé já tinha se afastado para outra atividade.

Você, leitor, deve estar curioso para saber quem era esse vovozinho, e eu vou contar: era o vovô Schimit, o "homem do saco", de quem eu e meus colegas, quando criança, morríamos de medo e vivíamos fugindo.

Ele era negro, baixinho, e, desde que o conheço, tinha barba e cabelo brancos. Vivia sempre com um saco nas costas e uma espécie de cajado na mão. Tínhamos pavor dele! Quando íamos ou vínhamos da escola primária e o avistávamos, vindo em nossa direção, às vezes saindo do mato, disparávamos aterrorizados. Era um salve-se quem puder!

Nunca ouvi uma palavra dele, mas diziam que ele pegava as crianças desobedientes, colocava no saco e fazia sabão. Nem em sonho a gente queria topar com ele.

Agora, ali estava ele, sentadinho num banco, esperando seu "professor". Não sei se a minha reação foi de surpresa ou de medo, mas, agora, eu não era mais uma criança. De qualquer forma, que deu um pouco de medo deu.

Sentei-me ao seu lado e disse, meio atrapalhado:

– Oi, vovô Schimit, como vai?

– Pelejando meu filho, pelejando.

– Irmã Zoé pediu para eu preparar o senhor para a Primeira Comunhão.

– Foi né, meu fio?

– O senhor quer receber Jesus no seu coração?

– Quero, fio. A gente andá com Deus é a mió coisa desse mundo. E eu já tô mais prá lá do que pra cá e queria fazer o que num fiz quando era menino. Eu vivia na roça, sabe?

– Vovô Schimit, eu quero lhe dizer uma coisa: quando era menino eu tinha medo do senhor, eu e meus coleguinhas... A gente corria, apavorados, porque diziam que o senhor era o homem do saco.

– Eu sei fio, mas eu num era o homem do saco, não! Isso tudo era história que os pais inventava de mim prá mó de assustá as criancinhas, mas eu era bonzinho, fio. Eu era bonzinho. Só quando me xingavam é que eu ficava bravo e corria atrás com aquele pau que levava na mão... mas era só pra botá respeito.

– Pois é, vovô Schimit, e agora eu estou aqui ao seu lado para lhe falar de Deus. Sabe quem é Deus, vovô?

– É o dono do mundo fio! É pai de nóis tudo!

– Pois é vovô Schimit. Ele é mesmo o nosso pai. Ele é muito bonzinho, sabe? Às vezes, as pessoas pensam que Ele é mau, que Ele castiga, mas Ele é bonzinho.

– É que nem eu, fio. Todo mudo achava que eu era mau, mas eu sou bonzinho, sabe? Óia, quando trovejava, lá na roça, os mais véio dizia que Deus estava brabo com a gente. Tinha gente que dizia que o mundo acabou uma vez com chuva e que agora ia acabá com fogo. A gente tinha era medo de Deus.

– Olha, vovô, teve uma época em que as pessoas se esqueceram de Deus e fizeram muitas coisas erradas, então Ele mandou um homem chamado Noé fazer um barco bem grande para se salvar com outras pessoas boas e com os animais que Ele tinha criado. E mandou chuva. Foi uma enchente grande. Só os bons se salvaram. Depois Deus mandou seu Filho Jesus para nos ensinar a sermos bons, para a gente ir pro céu, entende? Mas, olha, não se preocupe com essa história do mundo se acabar com fogo. O que importa é a gente ser bom, ser amigo de Deus, de Jesus e das pessoas. Isso é o principal. Não precisa ter medo de

Deus não. Ele gosta muito do senhor e está contente que o senhor está agora se preparando para a Primeira Comunhão.

– Que bom, meu fio, eu também tô contente. Eu quero aprender muita coisa de Deus. Quero aprender umas rezas... eu má sei me benzê.

– Nós vamos ter tempo, vovô Schimit... Hoje, vou só ler uma história bonita que Jesus contou quando esteve na terra. O senhor quer ouvir?

– Quero, fio!

Comecei a ler a história do bom pastor, das cem ovelhas, da que se perdeu.

No final, com os olhinhos marejados, ele disse:

– Essa freira do chapelão branco foi a pastora pra mim. Ela foi me procurá. Logo eu, um véio feio, preto... Agora eu tô intendendo que Deus mandô essa freira prá mó de eu entrar no curral das outras ovelhinhas e não vivê perdido. Tô feliz, fio! Tô feliz! Num vejo a hora de receber Jesus. Você vai me ajudá, num vai?

– Claro, vovô, eu vou lhe ajudar!

Confesso que agora, ao escrever essas linhas, fiquei com os olhos marejando também. Vovô Schimit se preparou, se confessou e recebeu Jesus. Foi minha primeira pesca.

Que bom que pude ver que ele não era um tubarão, mas uma estrela do mar. Que bom que descobri a tempo que vovô Schimit não era o homem do saco. Que bom que pude ajudá-lo. Que bom que ele caiu no saco, na rede!

Eu tenho certeza de que ele, lá no céu, está se lembrando de tudo isso e intercedendo por mim. Santo vovô Schimit... Tão bonzinho! E se houver um padroeiro para os homens do saco, certamente é ele!

3

A pescadora de chapelão branco

Seu nome de batismo era Carmem. Carmem Jabour, descendente de libaneses. Sua família tinha muito boa situação financeira. Ela chegou a noivar, mas Deus a chamou para ser pescadora de corações, especialmente dos pobres.

> Com aquele chapéu de pano branco engomado, parecia ter asas: era uma borboleta da caridade.

Para entrar no convento teve de fugir de casa três vezes, na terceira, a família se conformou.

Ao tornar-se noviça, recebeu o nome de irmã Zoé – o nome vem de Santa Catarina Labouré, Filha da Caridade de São Vicente de Paulo, que em 1830, noviça em Paris, teve a graça de ver Nossa Senhora e de receber a missão de mandar cunhar a medalha milagrosa. De Irmã Zoé Jabour herdei um carinho todo especial por Santa Catarina Labouré.

Irmã Zoé era uma mulher destemida, que vivia movida à caridade. Falar das dificuldades de uma pessoa carente diante dela a deixava como que eletrizada, despertava-lhe um sentimento de urgência, de que algo tinha de ser feito. Ela sentia um "choque" se o problema não fosse resolvido. Com aquele chapéu de pano branco engomado, parecia ter asas: era uma "borboleta da caridade". Ela tinha um carinho especial por mim, e sempre me chamou de Toninho, mesmo depois que me tornei padre. Eu a amava muito, e hoje é uma das minhas mais doces recordações.

Ela deixou as redes de uma vida segura, estável, de prazer e comodidade para seguir o Nazareno, que a viu à beira da praia – não a da Galileia, mas a do Rio de Janeiro – e disse: "Vem! Segue-me!". E ela deixou tudo pelo todo. Em sua trajetória de amor e doação aos necessitados, quis ser tudo para todos.

Trocou os vestidos de gala pelo hábito azul, pesado e quente, de tecido de lã vindo da França; como adorno de cabeça, substituiu as tiaras preciosas pela corneta branca, que não devia ser nada cômoda de usar; e em vez de frequentar a alta sociedade carioca, passou a vivenciar o dia a dia das favelas do Rio de Janeiro. Quantas histórias me contou de seu trabalho nas favelas!

"Toninho, você não imagina o calor!", ela dizia. "Nosso hábito pesava demais... Como suávamos... Mas como era bom!"

Quando se via assoberbada com tanto trabalho e problemas para resolver, pegava a parte frontal da corneta e a puxava para cima e para baixo, dizendo: "Bem dizia São Vicente: 'Os pobres são minha alegria e minha cruz'".

Um dia, acompanhei irmã Zoé ao centro da cidade. Fomos de ônibus, e pude ver a dificuldade que era para ela entrar na condução com aquele chapéu. Ela até dava um jeito, prendendo as pontas de trás com um alfinete, mas, mesmo assim, acabava acertando o olho de alguém. Tudo pela caridade!

Na volta, quando paramos no ponto de ônibus perto da escola paroquial, chovia a cântaros, um verdadeiro toró, e ela não tinha levado o guarda-chuva – sim, o guarda-chuva, pois uma sombrinha não dava conta de cobrir toda a "corneta". Aí, o pior aconteceu: o chapéu dela se desfez com a água... Que cena! Mas ela nem se abalou; preocupada comigo, foi logo dizendo: "Toninho, não vá pegar um resfriado, hein?".

Também não esqueço o dia em que fui pela primeira vez à casa de seu irmão, Abraão Jabour, na Urca. Eu nunca tinha entrado numa casa tão linda, nem tão rica. O senhor Abraão tinha uma presença imponente, mas era de uma bondade extraordinária; seu rosto lembrava o de João XXIII, o Papa Bom.

Na hora do almoço, fui surpreendido pela ausência de irmã Zoé à mesa – ela não almoçou conosco, no salão nobre, mas sozinha, em outro aposento –, logo fiquei sabendo que naquele tempo, por regra da Congregação, uma Filha da Caridade não podia tomar refeições com a família. Certamente, havia motivos para isso, mas a ausência dela me fez passar por uma situação bem constrangedora, pois eu não sabia como me comportar à mesa numa casa como aquela, ou, melhor dizendo, numa mansão. Eu me sentia num castelo de contos de fadas, mas todo atrapalhado. Que vergonha, meu Deus!

Voltei outras vezes àquele paraíso; uma vez ainda adolescente e mais tarde, já como padre, quando fui passar um fim de semana com irmã Zoé, já idosa, que herdara do irmão o casarão da Urca. Como era bom rezar com ela na capelinha dedicada à Nossa Senhora do Carmo, que ficava à esquerda da mansão, mais para o alto! A escadaria de pedra tornava a pequena capelinha ainda mais majestosa. E as frutas, que bênção! Mangas, goiabas e tamarindos deliciosos, sem falar que o jardim era lindo, um verdadeiro paraíso, no qual eu me sentia um príncipe encantado. Irmã Zoé era para mim a Rainha Mãe.

Quando, muitos anos depois, Roberto Carlos me disse que havia comprado uma casa na Urca e que o fato de a casa ter uma capelinha tinha sido decisivo para sua escolha, logo pensei:

"Será a casa de irmã Zoé". Pois era. Roberto confirmou isso e quis saber se eu conhecia a mansão, ao que lhe respondi com alegria: "Claro! Essa casa foi minha antes de ser sua".

Hoje, sempre que posso, vou àquela casa celebrar missa na capelinha dedicada à Senhora do Carmo, rezar com o querido irmão e amigo Roberto e sentar-me à sombra daquela mangueira. É uma mistura de sentimentos que não há jeito de não viver. "São muitas emoções".

Devo muito à irmã Zoé, que me ajudou no discernimento de minha vocação sacerdotal, tendo sido minha "treinadora" na arte da caridade.

*

"Toninho, lá na pracinha, em Deodoro, está uma moça deitada num banco. Parece meio louca, está suja, mas, com certeza, está cheia de fome. Eu não posso ir lá, mas vai com esse soldado no jipe (o coronel de um dos quartéis da Vila Militar havia emprestado um jipe e cedido um soldado para servir de motorista a irmã Zoé). Vai lá e traz ela, precisamos cuidar dela. Vai, meu filho. Vai logo!"

Fui de Magalhães Bastos a Deodoro pensando em como faria para trazer a moça. Como o profeta, eu pensava: "Sou apenas um menino...".

Chegando lá, encontrei a tal moça, mas precisava convencê-la a vir comigo. Não lembro, absolutamente nada, o que disse a ela, mas, com certeza, o Espírito falou por mim. Só sei que ela se levantou, eu a amparei, dando-lhe o braço, e entramos no carro. Por fim, entreguei-a a irmã Zoé, que cuidou da moça.

Até hoje me pego pensando nas situações inusitadas em que essa Irmã me envolvia! Ela era daquelas pessoas que, como o poeta, acreditava que "não existe caminho", que "o caminho se faz ao caminhar".

Irmã Zoé deixou saudades quando saiu de Magalhães Bastos e foi para o Dispensário dos Pobres, em Botafogo. Visitei-a muitas vezes, como seminarista e padre.

Todos os dias, ela dava sopa aos moradores de rua e aos mendigos, e no dia dos velhinhos organizava uma bela festa, com missa e almoço de primeira qualidade. A saudosa atriz Henriqueta Brieba participou várias vezes dessas festas, e sempre recitava um poema que emocionava a todos. E eu, para o "santo orgulho" de minha mestra, celebrei várias vezes a santa missa nessas comemorações, nas quais também cantava. Lembro que, ao me ver cantar, ela sempre dizia: "O Toninho tem que aparecer no Fantástico". Era um de seus sonhos; vivia "implorando" isso aos diretores e produtores da Rede Globo e ficava triste quando não conseguia. Mas um dia ela conseguiu, e a apresentadora Helena de Grammont fez uma matéria sobre o padre cantor. Creio que, para ela, foi uma das grandes alegrias de sua trajetória final na Terra.

Irmã Zoé era amiga de vários artistas de TV, dentre eles, Chacrinha, foi por conta dessa amizade que dona Florinda, viúva do apresentador, deu a ela muitas fantasias que ele usara em seus programas. Dona Florinda, infelizmente, não pôde fazer um "museu do Chacrinha", mas como há males que vêm para bem, os pobres de irmã Zoé se beneficiaram com isso, pois as fantasias foram vendidas aos fãs do apresentador nos bazares que ela realizava, e assim entrou um dinheirinho extra para suas obras.

Foi difícil ver irmã Zoé no hospital, definhando, tão magrinha. E quando ela morreu, chorei de tristeza e de felicidade interior, pois não a veria mais aqui na Terra, mas teria no céu uma grande intercessora. Além disso seus ensinamentos ficaram gravados para sempre em minha alma.

Uma coisa que me tocou profundamente nesse momento de despedida de irmã Zoé foi o salmo recitado em sua missa de corpo presente – era o salmo 121, que dizia: "Alegrei-me com

aquilo que me foi dito. Iremos à casa do senhor". Isso me tocou porque, quando fui para o seminário, em 1961, irmã Zoé
me presenteou com um missal cotidiano e, como introdução da
dedicatória, escreveu: "Alegrei-me com aquilo que me foi dito:
Iremos à casa do Senhor" (Salmos 121, 1), e pediu-me que sempre rezasse por ela uma Ave Maria.

> "De que adianta ganhar o mundo se vier a perder a vida?"

Após a leitura do evangelho, o
presidente da celebração fez um
breve sermão. Ah, como eu queria
dizer alguma coisa naquele momento, mas não cabia a mim tomar tal iniciativa. Mas parece que,
do céu, irmã Zoé captou o meu desejo, e ao terminar sua homilia, o celebrante perguntou se algum padre presente queria
dizer alguma palavra.

Foi a deixa que eu precisava. Imediatamente levantei a mão
e falei do meu primeiro missal dado por ela em 1961, da dedicatória, do mesmo salmo que tinha sido rezado naquela missa.
Enfim, testemunhei que aquela que ali estava, inerte, tinha sido
uma mulher que marcara minha vida pela sua agilidade carido-
sa e que sempre pude sentir nela a alegria de quem realmente
vivia a certeza de que sua caminhada na Terra era um voltar, um
retornar à casa do Senhor, e que a caridade era a melhor estrada
nessa viagem.

Com irmã Zoé, aprendi que, quando nos decidimos a ser pescadores de corações, temos de pescá-los como um todo. Seu
jeito de pescar foi a caridade, o serviço aos pobres, a oferta de
morada digna aos velhinhos abandonados pela família, pois
juntamente com a preocupação de suprir suas necessidades materiais, ela também se preocupava em resgatar-lhes o espírito.
Dizia: "De que adianta ganhar o mundo se vier a perder a vida?".

Não deixo de imaginar que uma das intenções de Deus ao
realizar, em Aparecida, no rio Paraíba, o milagre da pesca da

imagem de Maria em partes, primeiro o corpo e depois a cabeça, que se ajustavam perfeitamente, era dizer a todos nós que pescar homens é torná-los seres completos, ajustados, em que o natural e o sobrenatural, assim como a vida material e a espiritual, estejam unidos, formando um todo.

Irmã Zoé me ensinou que não se pode oferecer apenas bens e dons materiais aos pobres necessitados, mas também bens e dons para o espírito. E me ensinou ainda que, do mesmo modo, de nada vale alimentar o espírito e deixar o corpo morrer de fome.

Tenho comigo um santinho que ela me ofereceu um dia. Nele, entre outras coisas, escreveu: "Obrigado, Toninho, por tudo!".

Imagine só! Quem tem de agradecer, minha irmã, sou eu.

Obrigado pelo seu carinho por mim! Obrigado por seu exemplo de fé traduzido em obras. Obrigado por ter tido a coragem de deixar tudo para seguir e servir o mestre nos pobres.

Aí no céu, interceda por mim, para que eu também possa chegar aí cantando "Que alegria quando me disseram vamos para a casa do Senhor", e matar a saudade que tenho da senhora. Aí, sim, estaremos no verdadeiro show da vida... da vida eterna.

4

A pescadora que morava à beira do riacho

Óbidos, cidade histórica do Pará, às margens do rio Amazonas, local onde esse gigante líquido tem sua menor largura, mas, em compensação, sua maior profundidade.

Fui a Óbidos fazer um show de evangelização. Minha equipe e eu fomos de São Paulo a Santarém de avião, e de Santarém a Óbidos encaramos dez horas de viagem numa balsa motorizada chamada dom Giuseppe. Do rio Tapajós, que banha Santarém, conhecida como a "pérola do Tapajós", entramos no rio Amazonas, passando pelo encontro das águas, que impressiona pela nítida divisão do leito de cada rio. O Tapajós é mais claro, quase transparente, e o Amazonas, mais barrento. As águas se encontram, mas não se juntam, isso me fez refletir sobre tantas situações que são assim na vida. Quantas vezes só nos encontramos, mas não nos juntamos? Lembro-me de que, certa vez, dom Paulo Evaristo Arns, quando arcebispo de São Paulo, disse em um encontro eclesial: "De nada adiantará à Igreja estarmos reunidos se não estivermos unidos [...] Nós nos reunimos demais [...] É reunião para tudo [...] E será que estamos verdadeiramente unidos? Às vezes, em família, vivemos mais ou menos reunidos, quando isso é possível nestes tempos modernos, e se a reunião está mais ou menos, imagina então a união?"

O encontro das águas é lindo. Elas vão descendo uma ao lado da outra, por quilômetros, sem se misturarem; mas, nessa beleza, nesse fenômeno da natureza, temos elementos de sobra para uma boa reflexão.

Quantas pastorais correm juntas, mas não se misturam? Quantos movimentos correm juntos, mas não se misturam? Quantas comunidades religiosas correm juntas, sob o mesmo carisma, mas não se misturam? Quantos sacerdotes sob o mesmo brasão da diocese correm juntos, mas não se misturam? Quantas denominações cristãs correm juntas, mas não se misturam?

E como fica Jesus olhando do céu esse Tapajós e Amazonas de sua Igreja, Ele, que pedia ao Pai para que fôssemos um, como Ele e o Pai são: "Eu neles e tu em mim, para que sejam perfeitos na unidade, e o mundo reconheça que me enviaste e os amaste como amaste a mim" (João 17, 23)? E como ficam os homens grandes das nações? E as reuniões de Genebra, da ONU? Quanta coisa eu teria para escrever e descrever dessa viagem a Óbidos!

*

Em Óbidos, de março a junho, dá-se a plenitude do período da cheia, iniciado em janeiro; e de julho a agosto ocorre a vazante.

No tempo da cheia, as áreas de várzea ficam completamente alagadas; até mesmo as casas feitas sobre palafitas ou marombas são invadidas pela água. Dentro das casas, as pessoas andam em cima de pequenas pontes de tábuas, feitas sobre o assoalho. As camas são reservadas para as crianças pequenas e vão sendo levantadas por calços, conforme a necessidade, enquanto as crianças maiores e os adultos dormem em redes. Os animais domésticos vivem nas marombas, com as pessoas, as galinhas se refugiam nas árvores, e a pesca é feita da janela das casas.

É outra vida.

Lucineide Pinheiro, secretária de educação de Santarém por ocasião da minha visita, contou-me que os peixes, no tempo da cheia, desovam na floresta alagada. Disse que eles se desenvolvem bem, mas, por não saberem o tempo certo de tomar o rumo para o rio, quando vem a vazante eles acabam ficando ilhados em pequenos lagos ou poços. Aí, com o tempo e a seca lenta, esses peixes morrem sem ter experimentado a grandeza do rio. Não há quem venha ajudá-los, construindo, talvez, canais que possam levá-los ao rio, e eles simplesmente morrem. Então, pensei: muitas vezes não acontece isso conosco também, nas enchentes e nas vazantes da vida? Às vezes, nos contentamos em nadar em poços ou pequenas lagoas em vez de aceitar o convite de Deus para mergulhar nas águas profundas do seu amor, e muitos de nós não resistem.

Por isso Jesus pede que rezemos para que o Pai envie operários à sua messe. É preciso abrir canais, ser canal, tirar da lama e possibilitar mergulhos profundos no mar da felicidade que proporciona a paz de Deus que o mundo não traz. Como disse Jesus, "quero que todos tenham vida, e vida em plenitude".

Ser pescador de corações é também fazer canais para que muitos peixes humanos possam experimentar a plenitude da vida.

Sozinho em minha meditação, contemplando o Amazonas, voltei à casa onde nasci, na rua Javaés, em Magalhães Bastos. Era a casa da vovó Maria, mãe de minha mãe. Minha irmã, meu irmão e eu nascemos ali. Quando eu tinha 3 anos de idade, nos mudamos para a casa que papai estava construindo, na rua Corrêa Serra.

Pensar na casa da vovó era automaticamente pensar no "rio". Muitas coisas me vêm à mente, uma delas são os calções e camisetas de pano de saco de farinha que vovó fazia para meu irmão e eu. Hoje, daria tudo para ter uma camiseta daquelas. Tia Olivia, irmã e afilhada de minha mãe, fazia uma macarronada maravilhosa e nem precisava ser domingo! Na casa de vovó Maria, conhecida como Dona Maria Portuguesa, à beira daquele rio, recebi as primeiras "iscas" e comecei a ser pescado por Deus por meio daquela que dera a vida à minha mãe.

Antes de ir para a catequese, vovó já tinha me ensinado a rezar antes de dormir, até hoje, todas as noites, faço a oração ensinada por ela, que continua sendo minha última oração do dia:

> *Deus na minha testa*
> *Deus na minha boca*
> *Deus no meu peito*
> *E Jesus Cristo na cama em que me deito.*

E vovó me ensinou também que, durante a oração, eu devia ir fazendo o sinal da cruz na testa, na boca e no peito, e depois, com a mão direita, devia fazer uma cruz sobre a cama, como os padres fazem quando dão a bênção. Mal sabia vovó que o Toninho, um dia, ia fazer esse gesto de bênção muitas e muitas vezes. Abençoar é uma das coisas mais lindas e mais gratificantes; cresci beijando todos os dias a mão de vovó, de papai, de mamãe, dos tios... Cresci pedindo a bênção, e como era bom ouvir de todos: "Deus te abençoe!". Quis Deus, em sua infinita bondade, que estas fossem as últimas palavras que ouvi da boca de mamãe, antes que Deus a chamasse. Assim também foi com papai.

Quando eu ia à casa da vovó e era a primeira sexta-feira do mês, era infalível ir à adoração do Santíssimo Sacramento na igreja matriz, pois vovó era do apostolado da oração. Ela dizia: "Toninho, vá se arrumar porque você vai comigo à igreja; hoje é a primeira sexta-feira do mês, é dia do Sagrado Coração. Vamos rezar, meu filho!". E lá ia eu acompanhando vovó. Ela levava uma bolsinha na mão com o terço, a fita do Coração de Jesus e o véu preto.

Para a minha primeira comunhão, vovó me ensinou outra oração:

> *Nesta mesa eu me ajoelho*
> *Nesta mesa de divindade.*
> *Ó que manjar excelente*
> *Que vem da mão do Senhor!*
> *Os pecados que esqueci*
> *E não os disse ao confessor*
> *Digo a vós, ó meu Deus,*
> *Que bem sabeis quantos são.*
> *Nesta mesa eu me ajoelho,*
> *Na mesa da comunhão.*

Em certa ocasião, numa primeira sexta-feira do mês, eu caminhava com vovó pela calçada quando ela se abaixou, pegou uma casca de banana do chão e jogou-a bem longe, num terreno baldio, e ao mesmo tempo disse algo que não consegui entender muito bem. Ela disse mais ou menos: "Ó, Sagrado Coração, te ofereço este ato de caridade..." Perguntei-lhe o que tinha dito, e ela respondeu que oferecera um ato de caridade ao Sagrado Coração em reparação pelos seus pecados. Perguntei-lhe, então, o que era um ato de caridade, e ela explicou: "Olha, Toninho, viste aquela casca de banana no chão? Eu podia ter pisado nela, escorregado, e podia ter quebrado o braço ou a perna. Então, pensei que outra pessoa podia também não ver a casca de banana e cair, por isso eu a joguei longe e fiz uma boa ação. Isso é um ato de caridade". Pedi-lhe também que me explicasse o que era reparação, e ela prontamente me disse: "Ó menino, o Coração de Jesus fica magoado quando pecamos, então temos que reparar o mal que fizemos fazendo o bem, entende?".

Pescadores de corações 51

Quando vovó morreu sem nos deixar nenhuma herança material, graças a Deus, nos reunimos em seu quarto, após o funeral, e Lina, minha irmã, que sempre foi a "madre superiora" (nós a chamávamos assim de brincadeira), disse: "Agora cada um escolhe uma lembrança da vovó, e o que ficar vamos dar aos pobres". Lembro que eu gritei logo: "Quero a fita do Coração de Jesus que ela usava".

Hoje, essa fita é uma relíquia para mim e me diz sempre que não posso me esquecer da querida pescadora que foi dona Maria Portuguesa a qual, com suas pescas, ensinou-me a essência. Uma simples casca de banana pode ser uma oportunidade para viver o amor. Pobre daquele que pensa que a santificação está apenas nos grandes atos que praticamos!

Quando Deus me dá a oportunidade de falar sobre santidade, sempre falo da casca de banana da vovó, e não deixo de dar a definição de santidade que padre José Kentenich, meu pai espiritual, apresentou: "Ser santo não é fazer coisas extraordinárias, mas fazer o ordinário de maneira extraordinária".

5

A pescadora do lar

Mamãe tinha 11 anos quando veio de Portugal com vovó e tio José, seu irmão, pois meu avô materno, "seu" Rocha, já tinha vindo antes para preparar o caminho. Mamãe nos contava que, trabalhando com vovó e suas tias, lá em Óis do Bairro, vivia cantando. Seria de tristeza. Suas tias diziam: "Cala-te, rapariga, tu cantas demais", e ela respondia: "Deixem-me cantar, ó tias. Para o ano já não canto mais, pois vou para o Brasil".

Minha mãe e meu pai foram os grandes pescadores de meu coração. Ensinaram a mim e a meus irmãos as coisas de Deus, os valores perenes, que não passam; mostraram-nos "tesouros que a traça não corrói" (Mateus 6, 19).

A fidelidade que viveram durante 61 anos, transpondo tantas dificuldades, limitações pessoais e problemas que a vida de família gera, foi um livro valiosíssimo, do qual ainda tiramos grandes lições.

A família de mamãe morava no Rio de Janeiro, em um subúrbio chamado Magalhães Bastos, e, na época, mamãe lavava e passava as pesadas fardas de alguns militares da Vila Militar para ajudar nas despesas da casa.

Tempos depois de a família de mamãe ter se instalado no Brasil, vovó teve mais uma filha, a tia Olivia, afilhada de mamãe. Lembro-me de que achava estranho que tia Olivia pedisse a bênção a mamãe, e só mais tarde entendi que, mesmo sendo irmã dela, mamãe era também sua madrinha.

Um dia, dona Glória, vizinha da família de mamãe, também portuguesa, contou a ela que no dia seguinte, um domingo, receberia a visita de um jovem patrício que vivia em São Paulo. Dona Glória até mostrou-lhe um retrato do tal patrício, e tanto ela quanto mamãe concordaram que o "gajo" era bonito; porém, dona Glória advertiu-a de que ele era gago.

No dia seguinte, depois do almoço, a jovem Mavília – era esse o nome de mamãe – estava cantando e tirando água do poço que ficava ao lado de um parreiral, então, o visitante de dona Glória, que depois veio a ser meu pai, aproximou-se da cerca e, gaguejando, dirigiu-lhe a palavra: "Ó patrícia, estás a cantar muito bem! Olha, não queres me dar um "caixinho" de uvas?". Mamãe respondeu que ainda estavam verdes, e ele insistiu: "É, mas alguns já estão a pintar, e dados por ti estarão doces".

Diante da insistência do "gajo", mamãe disse: "Olha, meu pai é muito bravo e não ficaria nada contente em me ver a falar com um estranho". Meio confusa, e até um pouco irritada, ela pegou o balde d'água e entrou em casa.

No dia seguinte, dona Glória perguntou à minha mãe se tinha achado o portuguesinho bonito, e ela concordou, com um sorriso. Dona Glória insistiu: "Mas gostaste dele?". E mamãe recuou: "Eu não, ele é muito sem vergonha".

O certo é que meu pai foi trabalhar no Rio de Janeiro, eles foram se vendo mais vezes, passaram a conversar mais, até que resolveram namorar.

Quando papai pediu a mão de minha mãe em casamento, meu avô foi categórico; quis saber se era pra casar mesmo, se ele era trabalhador, e todas as perguntas de praxe. Por fim, vovô disse que mamãe "comia muito", e papai respondeu: "Não há de faltar, não senhor". Então, decidido, vovô disse que era para casar o quanto antes! Papai argumentou que não tinha nada ainda, nem casa, nem móveis, mas isso para vovô era o de menos, e ele decidiu: "Vamos fechar aquela porta ali, abrimos outra aqui,e assim vocês terão o cantinho de vocês. Para começar está bom demais. A Maria divide com vocês umas panelas e uns pratos e vão tocando a vida".

Por problemas burocráticos, o casamento de meus pais ainda levou um tempo para acontecer, mas, finalmente, chegou o dia, e foi 30 de outubro de 1935. Eles se casaram na igreja Nossa Senhora da Conceição de Realengo, assistidos pelo pároco da época, padre Miguel, o mesmo que deu nome a um bairro da cidade e até a uma escola de samba, a Mocidade independente de Padre Miguel.

Mamãe teve cinco filhos. Minha irmã Carmelina foi a primogênita. Depois, veio um menino, que morreu poucas horas após o nascimento, e depois veio outro que também teve a mesma sorte. Por fim, veio meu irmão Eduardo, que nasceu de sete meses, e três anos depois eu cheguei. Mamãe sofria muito nos partos; quando descobriu que estava grávida de mim, recebeu alguns conselhos de algumas comadres que se diziam "entendidas": "Mavília, você sofre demais. Quem garante que esse também não vai morrer como os outros dois. Há um chá muito bom...". E mamãe respondia: "Se Deus permitiu que eu engravidasse mais uma vez, deixo em suas mãos o futuro".

Eu nasci diante de Nossa Senhora do Bom Parto.

Todas as vezes que mamãe dava à luz, ela tinha o cuidado de mandar pendurar o quadro de Nossa Senhora do Bom Parto na parede à sua frente. Hoje, esse quadro me pertence, e ao

Pescadores de corações 55

vê-lo, penso: "Meu primeiro olhar foi para Ela". Como eu nasci um tanto quanto atrasado, já meio roxinho e sem chorar, todos imaginavam que eu já estava morto; mas após umas palmadas a mais da parteira, chorei. Por isso é que quando me perguntam quando comecei a cantar eu respondo: "Quando nasci!".

Meus irmãos e eu nascemos na mesma casinha pobre e pequena, "aparados" pela mesma parteira, dona Maria, avó do Arlindo, conhecido no bairro como "papa defunto", pois era dono de uma funerária. O Arlindo era um grande animador das festas paroquiais, e muitas vezes apresentou-me com entusiasmo em programas de calouros infantis, pois tinha um carinho especial por mim e por minha família.

Vivi até os 3 anos na mesma casinha pobre em que nasci, mas não tenho lembrança desse tempo. Só sei que papai comprou um terreno em outra rua e, como era pedreiro, foi construindo a nossa casa. Assim que esta teve condições de servir de abrigo, fomos para lá, e fui crescendo com a casa. Mamãe era servente de pedreiro, e vovó também ajudava, mas tudo isso só acontecia aos sábados e domingos, pois, durante a semana, papai trabalhava em uma construtora.

Lembro que papai trabalhava muito para sustentar nossa família e que mamãe acordava de madrugada para fazer sua marmita. Lá em casa, mamãe fazia comida em um fogareirinho de carvão. Primeiro ela fazia o feijão, enrolava a panela em jornais para não esfriar, e depois fazia o arroz, e também enrolava a panela. Muitas vezes Dado e eu fomos à carvoaria do senhor Moreira buscar pó de carvão que ficava no chão. Varríamos o pó, o recolhíamos com uma pazinha e levávamos para casa. Aí, misturávamos barro com o pó de carvão, fazíamos umas bolas, do tamanho de bolas de bilhar, e púnhamos ao sol para secar; então, mamãe colocava essas bolas sobre as brasas para economizar carvão: elas incandesciam e isso dispensava a colocação constante de carvão no fogareiro. Até hoje penso em mamãe como uma mulher econômica e boa administradora – lembro-me dela enfrentando filas e filas para comprar feijão e arroz mais barato em caminhões da COFAP. Papai, porém, era mais mão aberta; dava com muita facilidade suas ferramentas, e quando precisava delas já não as tinha.

Quando menino, muitas vezes acompanhei mamãe levando sacolas de mantimentos para os pobres que ela visitava. Por causa do peso, eu colocava as sacolas na bicicleta e ia empurrando ao lado dela. Lembro-me de dona Joana, uma senhora negra, magrinha, que perdera os dedos das mãos pela lepra e tinha mãos e pés queimados em acidentes domésticos com água fervendo, que volta e meia aconteciam em seu mísero barraco, pois não conseguia segurar a chaleira ou a panela. Todas as sextas-feiras, ela vinha com o peixe que ganhava na feira da rua Carinhanha, travessa da rua onde morávamos. Era um ritual: mamãe limpava os peixes, temperava-os, e dona Joana levava para casa, toda feliz. Às vezes eu a acompanhava, empurrando a bicicleta para levar as sacolas de mantimentos. Várias vezes fui visitá-la em seu barraquinho, a pedido de mamãe, para levar alimentos, roupas ou algum outro artigo de necessidade. E eu via a alegria que mamãe sentia ao fazer o bem. "Deus ama a quem dá com alegria."

Mamãe não podia ver ninguém necessitando de ajuda sem tentar fazer alguma coisa. Em casa, tínhamos um quartinho sobre a laje onde ela guardava roupas, sapatos e outras coisas para os pobres. Vovó reformava as roupas que estivessem meio estragadas e, depois, elas lavavam e passavam todas, direitinho, para que os pobres "recebessem auxílio de verdade e não apenas o lixo do qual algumas 'almas caridosas' queriam se desfazer", como dizia mamãe. E era bem verdade, pois o pobre, já humilhado por sua condição menos favorecida, teria ainda mais forte em seu coração a convicção de menos valia se lhes fosse doado lixo.

Pescadores de corações 57

Aprendi com mamãe a respeitar os pobres e a descobrir em muitos a riqueza de alma que, às vezes, não encontramos nos mais favorecidos. No final de sua vida, mamãe fez-me uma revelação: "Padre Antonio, eu gosto muito da oração de São Francisco e a parte que mais me toca é aquela que diz: 'Ó, Mestre, fazei que eu procure mais consolar que ser consolado'".

Em sua vida, mamãe desejou realmente ser consoladora. Já falando com certa dificuldade, ouvi-a dizer a alguém que o doce de que mais gostava era marmelada. Então, não pude ficar calado e me meti na conversa, dizendo que me lembrava de que ela comprava mais goiabada do que marmelada em casa, e ela respondeu: "É, meu filho, mas era porque vocês gostavam mais de goiabada". Silenciei emocionado. Mais uma prova do amor que pensa no outro, que renuncia a um gosto próprio para que o outro seja mais feliz.

Renúncia. Esta palavra parecia ser, do vocabulário português, uma das palavras preferidas de mamãe.

Durante a doença dela, Lina e Dado, juntamente com meus cunhados Luiz e Lena, desdobraram-se para cuidar de mamãe. Jamais agradecerei o suficiente tudo o que fizeram por nossos pais, também em meu nome. Sempre que possível eu ia ao Rio de Janeiro visitá-la durante sua enfermidade.

Numa ocasião, pude ficar três dias no Rio de Janeiro, e combinei com meus irmãos que os substituiria à noite, para que descansassem um pouco. Foram três noites muito especiais em minha vida, pois os papéis se inverteram: eu era a mãe e ela a criança, totalmente dependente. Deitei-me ao seu lado, na cama que pertencia aos meus pais. Aquelas três noites, passei-as em claro, tentando dar a mamãe toda a atenção possível e serví-la em todas as suas necessidades.

Tive tempo suficiente para louvar e agradecer a Deus por ter me dado aquela mãe e para pensar no amor que ela, durante anos e anos, ela dispensou a mim e a meus irmãos. Minha vida de filho passou pela minha mente como um filme. Quanta dedicação! Quanta renúncia! Quantas noites em claro! E mamãe nunca cobrou hora extra. Envergonhei-me profundamente por ter vigiado apenas três noites. Ali, já despedindo-se da vida, aquela mulher ainda lançava as redes e pescava meu coração. Entendi a relação profunda entre o sacerdócio dela e o meu, e me dei conta de que, para viver na autenticidade o meu sacerdócio, eu precisava ser mais parecido com aquela sacerdotisa do lar. Precisava simplesmente fazer da minha vida uma doação contínua e uma renúncia feliz. Precisava merecer ser filho daquela mulher, que tantas vezes cantou com vontade de chorar. Quão longe eu estava de ser um fruto autêntico daquela árvore. Pelos frutos vós conhecereis a árvore (Mateus 7, 16-20). Pela árvore, eu precisava e preciso ser um fruto melhor.

Como herança, guardei o vestido que mamãe usou quando celebrou com papai os cinquenta anos de matrimônio. Dele, mandei fazer uma casula com a qual celebro a Eucaristia, especialmente em datas e celebrações especiais de minha família. É uma forma de me sentir unido a ela quando estou no altar, e de conscientizar-me de que a melhor escola de pesca que Deus podia ter me dado foi aquela.

6

O pescador que era pedreiro

Outro dia, passando por uma rua no bairro do Bom Retiro, em São Paulo, surpreendi-me ao constatar que tinha o nome de meu pai: Rua Francisco Borges. Claro que não se tratava de uma homenagem ao meu pai e sim a outro Francisco Borges, mas, para mim, era como se fosse.

Em meu coração há muitas ruas com o nome dele: O que deve nos alegrar, segundo Jesus, "é que nossos nomes estejam escritos nos céus" (Lucas 10, 20).

Meu pai veio de Portugal para o Brasil com 17 anos, a convite de um primo que já vivia há anos em Guaianazes, São Paulo. Filho de mãe solteira, fora criado por tios que confiavam a ele o cuidado das ovelhas e, em Guaianazes, aprendeu com o primo Antonino a arte da barbearia.

Na Vila do Mato, aldeia portuguesa perto de Midões, Distrito de Coimbra, onde nasceu, era conhecido em todas as ruas como o Chico da Gaita, porque tocava gaita de boca. Até seus últimos dias de vida, mesmo sem muito fôlego, ele "arranhava" a "Asa

Branca", de Luiz Gonzaga. Nessa época, já enfermo e com quase 90 anos, ele precisava de cuidados especiais, nos quais Lina e Dado, meus irmãos, se revezavam. Dado conta que algumas vezes, lá pelas duas da madrugada, ele o acordava tocando gaita e, em seguida, perguntava:

– Ô, Eduardinho, gostastes do show?

– Dorme, papai! O senhor precisa descansar e eu também!

Papai era religioso, mas, na minha infância, lembro que ele não era de praticar muito.

Creio que minha entrada para o seminário foi um fator importante para que ele tomasse mais consciência de que a vida material não pode caminhar paralelamente com a espiritual, mas que ambas têm de estar fundidas uma na outra.

A fé e a vida não são os rios Tapajós e Amazonas.

Houve um tempo em que nós, os filhos e mamãe, pedimos a ele que fizesse a Páscoa dos homens. Naquele tempo era assim: havia a Páscoa dos homens, das mulheres, dos jovens e das crianças.

Na ocasião, chegara à nossa paróquia um padre jovem para auxiliar nosso pároco; ele se chamava padre Justino Pivetta. (Mais tarde, já no seminário de Vale Vêneto, no Rio Grande do Sul, fiquei sabendo que ele era filho daquela terra e irmão do nosso padre espiritual e professor, padre Gervásio.).

Papai simpatizou com aquele jovem padre e prometeu que, naquele ano, faria a Páscoa, mas só se confessaria com o padre Justino. Chegado o dia das confissões para os homens, Luiz, meu futuro cunhado, e papai foram à matriz, e papai combinou com ele:

– Na fila, fica na minha frente; se for o padre Justino, você faz um sinal de positivo com o dedo; se for o outro, faz sinal de negativo, que eu saio da fila.

Luiz confessou-se; ao sair, sinalizou com o polegar para cima e papai se animou. Ao ajoelhar-se no confessionário, porém, se deu conta de que o padre do outro lado da tela era o outro. Luiz teria mentido? Não! Aconteceu que, justamente no momento em que meu pai se ajoelhou no confessionário, os padres trocaram o turno. Aí, ele não teve outra saída a não ser se confessar.

"Tudo concorre para o bem dos que amam a Deus" (Romanos 8, 28). A providência divina atuou de tal maneira que, para meu pai, aquela confissão foi um presente. O padre foi para ele um sinal da misericórdia, da bondade e da sabedoria de Deus. Aquela confissão marcou a vida dele e também a nossa.

*

Aqui, preciso abrir um parêntese para comentar que, há mais ou menos uma semana, uma senhora desabafou comigo, falando de sua decepção com o padre com quem foi se confessar. Ela contou que, quando iniciou sua confissão, tentando situar o confessor em sua história pessoal e nos acontecimentos mais marcantes de sua vida, o padre foi taxativo: "Sem rodeios; vá direto ao assunto, pois não tenho tempo a perder".

Pedi a essa senhora que rezasse por esse meu irmão no sacerdócio, pois ele poderia não estar no melhor de seus dias e talvez necessitasse de descanso, reflexão e renovação.

A primeira frase que aprendi em alemão, quando estudei na Alemanha foi: "Geduld bringt rosen", isto é: "a paciência traz rosas".

Paulo adverte a Timóteo em sua segunda carta a ele: "Não convém a um servo do Senhor se alterar; bem ao contrário, seja ele condescendente com todos, capaz de ensinar, paciente em suportar os males" (II Timóteo 2, 24).

Pedro, o grande pescador da Galileia, diz: "Que mérito teria alguém se suportasse pacientemente os açoites por ter praticado o mal? Ao contrário, se é por ter feito o bem que sois maltratados, e se o suportardes pacientemente, isto é coisa agradável aos olhos de Deus" (I Pedro 2, 20).

Tiago também nos ensina: "Tomai, irmãos, por modelo de paciência e de coragem os profetas que falaram em nome do Senhor" (Tiago 5, 10).

*

Bem, voltemos ao pescador que foi meu pai. Para ele, a pontualidade era algo sagrado. Jamais vou me esquecer da frase que ele repetia centenas e centenas de vezes e que hoje passa de geração em geração na nossa família: "a missa se espera na igreja".

Para ele, era fundamental que chegássemos com tempo na igreja. Pois requeria que se criasse em si mesmo um clima de escuta, que se entrasse em outra atmosfera, longe do burburinho da vida lá de fora, era preciso "pré-parar-se". Afinal, tratava-se de um evento em que aconteceria um encontro extraordinário entre Deus e o homem, entre o finito e o infinito.

Meu pai tinha verdadeira veneração e enorme respeito por meu sacerdócio. Como ele era feliz por ter um filho padre, mas também se orgulhava igualmente dos outros. Conheço muitos filhos que são discriminados pelos próprios pais, que tecem comparações e comentários negativos sobre eles. Mas meu pai costumava dizer que tinha três filhos doutores.

A primeira vez que o ouvi dizer isso foi para um senhor com quem dialogava pela primeira vez. Ao ouvi-lo dizer "doutores", lembro-me de que fiz cara de surpresa e de reprovação ao mesmo tempo, pois me pareceu que estivesse se vangloriando com algo que não era verdade. Mas ele, entendendo meu olhar, logo se explicou:

– Veja bem, meu amigo: a Lina é professora, e nas escolas onde trabalha vai curando a falta de conhecimento dos alunos, por isso é doutora; o Dado é mecânico e cura as doenças dos carros, por isso é doutor; e o padre Antonio, como sacerdote, cura as doenças da alma, por isso ele também é doutor... Como vê, os três são ou não são doutores?

*

Jamais vou me esquecer do gesto de respeito e humildade de meu pai na época da minha ordenação sacerdotal.

Fui ordenado em Jaraguá, São Paulo. Ao fim da celebração, quando fui me despedir dele, que voltava ao Rio de Janeiro com minha família, fiz o que sempre fiz desde criança: peguei em sua mão e, ao mesmo tempo em que disse "bênção, pai", inclinei-me para beijá-la. Nesse momento, papai puxou a minha mão, beijou-a e disse: "Agora, quem pede a bênção sou eu: 'bênção, padre Antonio!'".

Este era o "Seu" Borges, que há 50 anos, quando parti para o seminário, me disse:

– Não é meu gosto, mas vai! Eu te abençoo. Creio que você não nasceu para isso, vive cantando, ouvindo rádio... Mas vai! Tenho certeza de que vai voltar logo.

Na semana seguinte à minha ordenação, fui ao Rio de Janeiro para celebrar minha primeira missa na paróquia em que nasci.

Era sábado, dia 2 de outubro de 1976, aniversário de papai. Ele completava 65 anos, a idade que tenho hoje, ao escrever este livro. Como era cedo, tive a ideia de ir à igreja da Penha, como fazíamos no meu tempo de criança, no mês de outubro, festejando a santa e papai.

– Papai, que tal irmos à Penha e eu celebrar a missa lá. A missa solene será amanhã, na paróquia, mas quero celebrar hoje também.

– Olha, tiveste uma boa ideia. Enquanto tua mãe prepara o almoço, vamos lá!

Um vizinho nos levou em seu carro; fomos acompanhados pelo padre Vitor Trevisan, que viera comigo de São Paulo e era o superior de nossa comunidade dos padres no Brasil.

Pescadores de corações   65

> Nas primeiras semanas, eu sentia dificuldade em celebrar a missa por conta da emoção.

Ir à igreja da Penha trazia recordações que me emocionavam. Era bom demais voltar no tempo. Como num filme, a multidão subindo. Ouvir a voz de Luiz Gonzaga, no som que abrangia o recinto todo. "Penha, Penha, eu vim aqui me ajoelhar. Penha, Penha, pedir Paz para meu lar". Várias vezes precisei enxugar os olhos. Quando me vi no limiar da porta, agora sem multidão, só eu, meu pai e padre Vitor, senti algo parecido com uma corrente elétrica atravessando meu corpo. Era uma emoção muito forte. Lá no altar, a imagem da Mãe me fazia sentir que ela me esperava. A casa era toda minha. Fiquei como que paralisado. Quantas vezes havia entrado naquele Santuário, numa avalanche de devotos, à procura da mãe? Era ali, na porta, que papai me pegava nos braços e me colocava sentado em seus ombros para que eu não fosse pisoteado. Era assim, como um reizinho, cujo trono eram os ombros do homem mais forte do mundo, meu pai, que eu entrava naquele recinto sagrado.

Não preciso dizer o quanto me emocionei naquela missa. Papai chorava de um lado e eu do outro.

Nas primeiras semanas, eu sentia dificuldade em celebrar a missa por conta da emoção. Lembro-me de que na primeira semana um padre me perguntou:

– E aí, padre Antonio Maria, como vai a vida de padre novo?

– Ah, meu irmão, não me acostumei a celebrar a missa. Choro muito. Então, quando rezo a oração eucarística número dois, naquela hora em que se reza: "Porque me tornaste digno de estar aqui e te servir", penso na grande misericórdia de Deus para comigo.

– Pois não se acostume nunca, padre Antonio Maria... Não se acostume nunca!

Jamais me esquecerei dessas palavras que calaram fundo em meu coração. Pedi a Deus e à Mãe Santíssima que, em minha vida sacerdotal, eu realmente não me acostumasse e pudesse viver sempre o que li em algumas sacristias: "Sacerdote, celebre essa missa como se fosse a primeira e a última de tua vida". Acredito, sim, que Deus tem me dado essa graça, pois ainda não me acostumei.

Após a missa no Santuário da Penha, voltamos para casa. O almoço estava pronto: rabada com agrião e batatas. Mamãe sabia que era um dos meus pratos preferidos, e ela o preparava como ninguém. Antes da oração à mesa, cada um foi tomando seu lugar. Lá em casa, cada um tinha seu lugar marcado. Papai sentava à cabeceira e eu, do seu lado direito. Quando eu ia fazer a oração, ele tomou meu braço e disse: "Agora, é você quem fica na cabeceira; vamos trocar de lugar". Um gesto muito simples, vindo de um pedreiro, analfabeto, mas que mostrou à sua família a que honra Deus elevara um de seus filhos. Até parece que papai, como pedreiro, conhecia e entendia a palavra de Pedro, em sua primeira carta: "Achegai-vos a ele, pedra viva que os pedreiros rejeitaram, mas escolhida e preciosa aos olhos de Deus, e quais outras pedras vivas, vós também vos torneis os materiais deste edifício espiritual, um sacerdócio santo, para oferecer vítimas espirituais, agradáveis a Deus por Jesus Cristo" (I Pedro 2, 4-5). "Vós, porém, sois uma raça escolhida, um sacerdócio régio, uma nação santa, um povo adquirido para Deus, a fim de que publiqueis as virtudes daquele que das trevas vos chamou à sua luz maravilhosa" (I Pedro 2, 9).

Como agradeço a Deus o respeito que papai, mamãe e toda a minha família sempre tiveram para com meu sacerdócio. Esse respeito foi e continua sendo um incentivo extraordinário, um alento, uma força que me levou adiante, mesmo que eles e eu tenhamos conhecimento de minhas misérias e limitações.

Herdei de meu pai, com certeza, um sentido mais apurado para os símbolos. Quantas vezes me alimentei espiritualmente de momentos especiais da minha vida, de vivências marcantes, de pessoas que foram grandes pescadores em minha trajetória.

Na véspera de minha partida para Vale Vêneto, no Rio Grande do Sul, onde estudei no seminário dos palotinos, peguei um canivete e fui ao jardim de minha casa, em cujo centro havia um coqueiro-anão. Num cacho estavam alguns cocos em crescimento e, num deles, eu escrevi com a ponta do canivete: "Padre Borges – 25/2/1961". Ninguém sabia que eu tinha feito isso, e só mais tarde se deram conta do coco com meu nome. O coco cresceu, papai recolheu, repartiu a água com a família e guardou a casca. Ele, que ainda não estava muito convencido de minha vocação.

Quando me tornei padre, papai me presenteou com essa casca. Guardava-a com todo o carinho...

Esse coco e o coqueiro ficaram tão famosos na família, que, mesmo não existindo mais, temos já bisnetos dele, pelas mudas que meu irmão teve o cuidado de fazer. Um desses bisnetos encontra-se na capelinha da Mãe e Rainha, à beira-mar, na Lagoa do Pau em Alagoas, plantado por nossa família quando, há nove anos, festejamos as bodas de prata de casamento de meus sobrinhos Cristina e Caio. Já bebi água do bisneto daquele coqueiro, e qualquer dia vamos plantar um tataraneto.

7

A pescadora doce e dócil

Todos sabíamos que aquele momento iria chegar, mas não era fácil dar-se conta de que tinha chegado. Ela sofrera demais... Durante meses e meses esteve no leito de dor. "O que falta às tribulações de Cristo, completo na minha carne, por seu corpo que é a Igreja" (Colossenses 1, 24). Agora, repousava, finalmente. Completara sua viagem de volta. Ela sempre soube que para o céu não se vai, mas se volta.

Viveu sabendo que ia morrer e morreu sabendo que ia viver para sempre. Sua vida foi um testemunho vivo, e a morte encontrou-a viva.

"Mártir" – pode-se aplicar a ela essa palavra em seu pleno significado. Não viveu o martírio da vida, mas uma vida de martírio. Foi de martírio que o amor ao pobre, ao desvalido, ao mais necessitado, ao abandonado a fez viver dia após dia. Imagino que lhe devia doer muito não ser entendida em sua corrida para diminuir as dores dos que sofriam. Penso naquele homem que, ao ver a mão de irmã Dulce estendida pedindo uma esmola para seus pobres, cuspiu sem piedade na mão da santa. Claro que, nesse momento, irmã Dulce sofreu a dor do desprezo, do desrespeito. É sempre um martírio uma situação dessas. Foi também um martírio, no sentido do testemunho, a reação da freirinha; com o lenço, ela limpou o cuspe da mão e, com toda doçura, disse: "Isso foi para mim; agora, dê alguma ajuda para meus pobrezinhos".

Ali estou, junto ao seu corpo inerte, diante de uma santa que conheci e com a qual convivi. Sem falar muito, sempre disse tudo a respeito da caridade.

O hino escrito por São Paulo aos Coríntios (primeira carta, capítulo 13), que muitos recitamos de cor, ela o viveu de coração: "Ainda que eu falasse as línguas dos homens e dos anjos, se não tiver caridade...". Agora, eu precisava realizar uma missão que me fora confiada por Dulcinha, sua irmã, e por Maria Rita, sua sobrinha e afilhada: fazer sua máscara mortuária e conservar para as futuras gerações aquele rosto através do qual Deus se mostrou a tantos e tantos. Copiar em gesso aquele semblante, com marcas de dor e sofrimento, mas, ao mesmo tempo, sereno, calmo e em paz. Com a ajuda de uma religiosa, irmã da Congregação das Irmãs Hospitaleiras da Imaculada Conceição, movido pela emoção, pela dor e, ao mesmo tempo, pela felicidade de sabê-la feliz no céu, iniciei meu trabalho. Seu rosto ficou impresso no gesso. Pode-se, agora, fazer cópias dele. A imagem dela em seu Santuário, em Salvador, foi modelada usando sua máscara mortuária como base. Podemos ter cópias de seu rosto, mas muito mais do que isso, precisamos "ser" o seu rosto.

O nome de batismo de irmã Dulce era Maria Rita. Deus a foi modelando e ela, ainda jovenzinha, como outra Maria, a de Nazaré, entendeu que "fazer a vontade de Deus é o maior bem da vida", como canta um admirador seu, Roberto Carlos, a quem ela muito admirava. Sua vida, em muitos momentos, foi parecida com a de Rita, a Santa dos casos impossíveis – o amor em seu coração fez coisas "impossíveis".

Quando se tornou freira, na Congregação das Missionárias da Imaculada Conceição, trocaram seu nome e, em homenagem a sua mãe, chamaram-na Dulce. Dulce, que lembra doce – não podiam ter-lhe dado um nome mais apropriado.

Ela conhecia muito bem a palavra de Jesus. "Vós sois o sal da terra", mas preferiu ser o doce, o açúcar da terra. E, justamente assim, foi o sal, dando sabor à vida de tantos que não tinham gosto de viver porque estavam no submundo da miséria, do abandono, da desumanidade e da doença, da vida dura que a injustiça e o desamor oferecem. Sendo doce, foi o sal que conserva. Sofria ao ver a dignidade do ser humano deteriorada na alma e no corpo. Sendo fisicamente pequena e fraca, era grande e forte em seu caminhar. Encontrava o Cristo desfigurado nos irmãos sofridos. Fez de tudo para levá-los à transfiguração. Quantos e quantos puderam e podem dizer, como Pedro, no Monte Tabor: "Como é bom estar aqui".

No momento em que escrevo estas linhas estou ao lado do túmulo de irmã Dulce. Entendo que estou diante de um relicário, em um lugar sagrado, um santuário. Seu corpo está aqui, guardado nesse túmulo de pedra. Sobre ele, centenas e centenas de fotografias. Uma colcha de retalhos de esperanças. São os necessitados de hoje que pedem sua intercessão junto a Deus. Penso na força de intercessão que essa mulher tão pequena e frágil exerce. Aqui, em oração, agradeço a Deus por ela fazer parte de minha vida.

Eu a conheci por meio da revista *Seleções*. Estava voltando de ônibus do Rio de Janeiro, onde passara as férias, para o Rio Grande do Sul, e encantei-me com o que li naquela revista sobre "o anjo bom da Bahia". A partir daquele dia, desejei conhecê-la pessoalmente.

Passaram-se os anos. Já padre, em 1983, Deus me deu essa graça. Foi um momento do céu, como foram todas as outras vezes em que estivemos juntos. Ao vê-la chegar tão suavemente, tão humilde, a cabeça ligeiramente inclinada para a direita, humilde e grandiosa. Tive a sensação que estava diante de Maria, a mãe de Jesus. Como se pareciam! Seria o branco do hábito e o azul do escapulário que me remetiam à imagem da Virgem de Nazaré?

Eu estava diante de alguém muito especial.

> Eu também era um filho de irmã Dulce.

Beijei sua mão instintivamente, como o faria se me encontrasse com a Mãe, e ao mesmo tempo me perguntei: "Será que fiz certo? É costume ou não?". Nesse momento, um senhor que passava por nós parou e pediu, quase gritando: "Bença, mãe!", e, ao aproximar-se dela, beijou-lhe a mão. E ela: "Deus te abençoe, meu filho!".

Então, senti que aquele gesto instintivo meu era normal e não me preocupei mais; o beijo que dei em sua mão foi o selo de uma nova certidão de nascimento – ali, eu nasci de novo, no hospital Santo Antonio. Eu também era um filho de irmã Dulce.

A partir de então, estive muitas vezes com ela, entendendo essa aproximação como uma das maiores graças que Deus me concedeu na terra. O convívio com irmã Dulce levou-me a conviver com sua irmã Dulcinha, que era uma criatura simpaticíssima, agitada e cheia de amor no coração. Irmã Dulce dizia que elas "eram dois corpos numa alma só." Dulcinha era um docinho de coco, às vezes um pé de moleque de tão moleca. Sempre inventando coisas para o bem, sempre agitando. Com ela por perto ninguém ficava parado. Era um "dilírio", e escrevo assim com convicção, porque era assim que Dulcinha falava. Pensar nela, com a saudade que sentimos de sua figura maravilhosa, é um "dilírio". Obrigado, Dulcinha! Não se entende irmã Dulce sem você.

Convivi e convivo com Maria Rita, sobrinha da irmã Dulce. Ela, após a morte de sua madrinha e tia, assumiu, como herança, a direção de toda a obra. Aqui me lembro de uma frase do padre. José Kentenich: "O que herdamos de nossos antepassados, precisamos conquistar para possuir plenamente".

Maria Rita, desde o ventre materno, foi conquistando essa herança. Como aqui na terra, do céu, irmã Dulce se orgulha dessa afilhada e a abençoa. Deus abençoe essa minha querida irmãzinha e filha também, e a recompense por ter colocado a lamparina sobre a mesa para iluminar a todos que estão em casa, na casa do mundo (Mateus 5, 15-16).

Irmã Dulce especializou-se em pescaria.

Até seus 13 anos, ela era especialista em futebol. Se naquele tempo houvesse futebol feminino, ela teria sido uma Marta da Bahia. O maior castigo aplicado pelo pai, doutor Augusto, era não levá-la ao estádio para ver jogos aos domingos. Maria Rita, a Mariinha, como era chamada em casa, não parava. Empinava pipa, fazia "guerra" com frutos de mamona e até ganhou o apelido de "machão".

Numa tarde de domingo, sua tia e madrinha levou-a a Tororó, um bairro pobre, na Baixa do Sapateiro. Sua tia queria mostrar-lhe o outro lado da vida, a desumanização, a pobreza. Maria Rita não encontrou nenhuma bela morena, nem a mais frajola da Bahia, mas encontrou a miséria, que não tem cor.

Ali, naquela tarde de domingo, estava decidido: ela nunca seria campeã de futebol, mas seria anjo. O anjo bom da Bahia. Anjo que se especializou em pescar corações. Ela foi no Tororó e lá Jesus lhe disse: "Vem e segue-me!".

A jovem Maria Rita entendeu "que não há maior felicidade do que fazer outros felizes", como disse muitas vezes mais tarde. Entendeu, no coração, o que São Paulo escrevera: "Nas corridas de um estádio todos correm, mas bem sabeis que um só recebe o prêmio. Correi, pois, de tal maneira que o consigais. Todos os atletas se impõem privações, e o fazem para alcançarem uma coroa corruptível. Nós o fazemos por uma coroa incorruptível" (I Coríntios 9, 24-25).

A partir daquele dia ela começou a lançar redes. Na porta de sua casa, tratava dos mais necessitados. Sentiu o chamado de Deus para uma entrega maior. Queria ser religiosa, mas seu pai pede que se formasse primeiro.

Ela só pôde deixar as redes depois de ter recebido o diploma de professora. Após a formatura, viajou para São Cristovão, Sergipe, para dar início ao noviciado. Deixou tudo, ou quase tudo, para ser Missionária da Imaculada Conceição. Na mala, levou alguém: sua boneca Celica. Quando a madre viu na bagagem da recém-chegada aquela boneca simples, pobre mesmo, disse-lhe: "Maria Rita, você teve coragem para deixar sua casa, sua família e não se desprendeu dessa boneca?", e guardou a boneca.

Fico pensando porque Maria Rita levou consigo Celica, e acredito que aquela simples e pobre bonequinha era, para ela, o símbolo de todos os simples e pobres a quem ela dedicaria sua vida, em Salvador.

Após o noviciado, regressou a sua querida Salvador e trabalhou por um tempo numa escola da congregação, mas essa não era a sua. Seu chamado era para dar aulas de caridade. Um dia, voltando para a casa das irmãs, encontrou, caído na calçada, um jovenzinho que implorava que não o deixasse morrer na rua.

Irmã Dulce conhecia a parábola do bom samaritano e não podia passar ao largo. Sua profissão era amar, havia feito profissão religiosa. Então, como o bom samaritano, foi ao encontro do que estava caído à beira do caminho e passou azeite e vinho em suas feridas. Ela não tinha nada para dar no momento, mas aquele menino fazia dó. Estava morrendo de malária. Estavam perto de umas casas vazias. Irmã Dulce pediu a um rapaz que vinha da praia que arrombasse a porta de uma das casas, colocou o rapazinho dentro dela e disse-lhe que esperasse, pois iria buscar remédio para ele.

Foi ligeira e veio mais rápido ainda. Trazia inclusive um "fifó", um candeeirozinho, para iluminar a casa. O coração do menino já estava iluminado pela luz do coração dócil de irmã Dulce. No dia seguinte, juntaram-se ao menino outros pobres e doentes. Foi preciso arrombar outras casas. O dono não gostou nada da ideia e expulsou a irmã e seus protegidos. Passaram pelo deserto até a terra prometida. O deserto foram os arcos do Bonfim e o desativado Mercado do Peixe. Agora, era a prefeitura de Salvador que não estava muito animada com aquela gente que, com sua presença, não contribuía para o turismo de uma cidade tão bonita... de todos os santos.

Mais uma vez na rua, irmã Dulce falou com sua superiora: "Onde poderei abrigar meus pobrezinhos e doentes, 'por não haver lugar para eles na hospedaria' (Lucas 2, 7)". E a madre responde: "Coloque-os no galinheiro!".

> Irmã Dulce é doutorada em ousadia e criatividade

Irmã Dulce, que havia feito voto de obediência, não pensou duas vezes. Matou as galinhas, garantindo assim a canja para os doentes, varreu, limpou, e dividiu o galinheiro com uma cortina, colocando de um lado homens e de outro, mulheres, dando início ao Hospital Santo Antonio.

Aquele que disse: "Eu vim para os doentes, para os pecadores. Eu vim para salvar." nasceu numa estrebaria. O amor nos faz ousados e criativos. Irmã Dulce é doutorada em ousadia e criatividade. Ia à noite buscar as crianças que dormiam nas ruas de Salvador, pois, se estivessem acordadas, não iriam de jeito nenhum. E se não houvesse lugar no hospital para abrigar mais um doente, ela o levava para o necrotério. Enquanto, na parte de cima, jazia o corpo sem vida de um doente, ela ocupava o espaço, na parte de baixo, para colocar uma maca e atender o Cristo no que estava vivo. E a higiene, perguntará alguém. Que higiene? Na rua era bem pior. "Nossa porta é a última, não pode ser fechada. Se não tiver mais lugar para os doentes, levem-nos para meu quarto."

Irmã Dulce era corajosa. *Cor agere* – agia com o coração. Abrigou meninos que eram perigosos. Conquistava a todos com sua doçura maternal.

Foi sempre muito fraquinha fisicamente. Sofria muito com sua insuficiência respiratória. Passava muitas noites "na boate", que era como ela se referia às noites que passava em claro, respirando com aparelho de oxigênio. E no dia seguinte estava refeita para a luta.

Um dia estive com ela em Simões Filho, onde viviam suas crianças no Centro Educacional. Padre Aderbau levou-me. Que emoção vê-la sentada numa cadeira e pegando cada criança pequena no colo. Só uns segundos ficava cada uma sob o amparo daqueles braços "fortes". No final, sua enfermeira teve de buscar, às pressas o balão de oxigênio que estava no carro. As Irmãs Filhas de Maria Servas dos Pobres, fundadas por irmã Dulce, deram-me também testemunho do grande amor que sua mãe espiritual gravou em seus corações. Ali, a gente pode ver que "pelos frutos se conhece a árvore".

Que Deus abençoe esta família religiosa, que tem a missão de perpetuar o carisma de sua mãe e fundadora.

Irmã Dulce foi beatificada no dia 13 de agosto de 2011. Foi um dia de muita alegria para todos nós, seus filhos. Há anos, recebi um dos títulos que mais me honram: Embaixador de Irmã Dulce. Meu sonho, agora, como o de todos que a amam, é vê-la canonizada. Assim, o mundo inteiro conhecerá essa pescadora de corações e terá nela a certeza de que o amor ainda é possível. O amor é sempre possível. Irmã Dulce está aí, de prova!

Mais uma vez me sinto um tanto que triste. Não sou capaz de dizer tudo o que gostaria sobre essa mulher maravilhosa. Contento-me em transcrever aqui o canto que fiz para ela, e tenho certeza de que, no céu, Nossa Mãe Imaculada está dizendo a ela: "Esse canto é todo seu, viu, minha filha? Não precisa transferi-lo para mim não. Esse padrezinho já fez alguns em minha homenagem, mas esse é só seu!".

Amor sem palavras

Na flor a desabrochar, no profundo azul do mar,
Tocamos Deus com a mão.
E quando quis o Senhor, que tocássemos no amor,
Fez de amor teu coração.
Mulher forte da Escritura, tua vida uma aventura
Do amor que é servir.
Tão frágil como ninguém, tua força de onde vem,
Anjo de Deus a sorrir

Irmã Dulce, doce irmã, mãe dos pobres, mãe de amor.
Anjo azul dos alagados, anjo bom de Salvador.

Doentes desenganados, meninos abandonados,
São filhos no teu regaço.
Cada um o teu tesouro, tua prata, o teu ouro,
Descanso no teu cansaço.
O teu segredo qual é
Será um mistério até,
Te envolvendo como ar.
Que força move teu passo, quem torna forte teu braço
Quem te faz irradiar.

Teu segredo é fogo ardente, queimando constantemente
De amor teu coração.
É Deus o Amor Maior, a tua escolha melhor, do teu viver
a razão
Tua força a caridade, é toda tua verdade, tua coroa e cruz
Por isso tu lembras tanto, até no azul do teu manto, a
própria Mãe de Jesus.

8

O pescador corcundinha

Lá pelo ano de 1986, padre Odilon dos Santos, pároco da catedral de Palmeira dos Índios, em Alagoas, onde eu já cantara e pregara a seu convite, me telefonou, convidando-me a fazer um canto em homenagem a frei Damião, que iria fazer uma missão em sua paróquia.

Eu conhecia frei Damião apenas pelas informações transmitidas pela TV, mas houve quem me dissesse que ele era austero e muito radical em relação a pecados, além de ser conservador e um tanto antiquado. Sabia também que o povo do Nordeste o venerava, que ele juntava multidões e que dormia pouco – às quatro da manhã já estava fazendo procissão e chamando o povo para as santas missões. Além disso tudo, soube ainda que passava horas e horas ouvindo confissões, que falava baixinho, e que era baixinho, corcunda e pregava horas a fio em pé.

Confesso que me animei ao saber que ele iria pregar missões na paróquia do meu querido irmão e amigo padre Odilon; assim, eu poderia conhecer mais de perto aquele fenômeno e tirar minhas conclusões. E o canto que fui convidado a compor em homenagem a ele? Como compor? Pensei, pensei, e fui ouvindo a voz do povo. Perguntei a muita gente sobre ele e a imensa maioria das pessoas com quem falei me disse coisas lindas a seu respeito. Pensei em fazer um canto num ritmo alegre, mais nordestino, que conseguisse transmitir a imagem que o povo tinha me passado dele. De repente, percebi que tinha já formado a imagem do velho missionário em minha mente e me questionava se ele de fato era assim.

Enfim, o canto ficou pronto. Gravei-o em uma fita cassete, comigo mesmo ao violão, e mandei para o padre Odilon que, ao receber a encomenda, disse: "É isso aí, padre Antonio Maria; você acertou em cheio!". E quando eu lhe disse "obrigado", ele imediatamente me corrigiu, dizendo que não devia dizer "obrigado", mas "louvado seja Deus".

Pois é, vivendo e aprendendo! Se acertei em cheio é justamente porque Deus me inspirou, então, todo o louvor e toda a glória são d'Ele.

Dois dias antes de começar a missão fui para Alagoas.

Padre Zé Nilton, que na época trabalhava como vigário em Palmeira dos Índios, foi me buscar de carro no aeroporto de Maceió. Enfim, eu iria conhecer frei Damião! Ficava pensando se ele ia gostar do canto, se não ia querer me excomungar por eu estar cantando e tocando violão, se me aceitaria do jeito que sou, tão diferente dele.

Chegara o dia e a hora. Padre Odilon me contara que era costume buscá-lo em caravana num lugar determinado, e como ele vinha de Campina Grande, Paraíba, fomos encontrá-lo em Cana Fistula, um local não muito distante de Palmeira, a sede da diocese, que tinha dom Fernando Iório como bispo.

O povo já se aglomerava. De repente, todos começaram a bater palmas e a gritar "Viva meu padrinho", anunciando que se aproximava o carro que o trazia.

A multidão o envolveu rapidamente.

Padre Odilon me puxava pelo braço, dizendo-me que viesse, pois o santo tinha chegado.

Ele tinha cabelos e barba brancos, vestia hábito marrom (era capuchinho) e sua cabeça inclinada, parecia presa ao peito.

Padre Odilon conseguiu aproximar-se dele, beijar-lhe a mão e pedir-lhe a bênção, no que foi retribuído por frei Damião. E em meio à gritaria do povo, tentou me apresentar: "Meu padrinho, este é um padre-romeiro, que veio de São Paulo".

Consegui pegar sua mão e beijá-la – eu estava fascinado pela figura daquele frei que deixava transparecer algo diferente e que quase era arrastado pelo povo –, mas acabei ficando para trás. Vi que padre Odilon o protegia enquanto

> Eu não conseguia conceber que o santo do nordeste tivesse beijado a minha mão.

o conduzia ao carro que o levaria a Palmeira, e notei que, de repente, padre Odilon inclinou-se para ouvir algo que ele lhe dissera. Então, vi frei Damião virar-se para trás e, com esforço, tentar levantar a cabeça, empurrando o queixo para cima com a própria mão, à procura de alguém. Jamais me esquecerei desse momento, pois ele procurava por mim! Sim, ele havia perguntado ao padre Odilon se o romeiro de São Paulo era padre, pois não tinha entendido bem por causa do barulho, e ao obter a resposta confirmando que eu era padre ele quis me encontrar. Aí, ao me encontrar, metros atrás, frei Damião tomou minha mão e a beijou.

Essa atitude de frei Damião me deixou paralisado.

Eu não conseguia conceber que o santo do nordeste tivesse beijado a minha mão, mas ele o fez e repetiu esse gesto muitas e muitas vezes durante o tempo que pude conviver com ele em outros lugares e ocasiões. E o fazia também com todos os sacerdotes que dele se aproximavam, pois tinha um enorme respeito,

Pescadores de corações 81

quase uma devoção, pelo sacerdócio de Cristo em cada padre que encontrava.

*

Chegou, por fim, a hora da canção. Eu pensava: "Meu Deus, o que ele vai dizer agora?".

Padre Odilon explicou-lhe que canção era aquela e ele, sorrindo, balançou a cabeça negativamente. Mais tarde, com o convívio com frei Damião, descobri que aquele meneio da cabeça em sinal de desaprovação só queria dizer: Quem sou eu? Eu não mereço! Eu não mereço!

Com o carro de som tocando a canção que eu havia feito em homenagem a ele, partimos para Palmeira dos Índios – eram muitos carros buzinando e o povo aplaudindo –, mas paramos na metade do caminho para frei Damião visitar a capela da Divina Pastora.

Para ele sair do carro não foi fácil – tinha de transpor a muralha de carinho, de amor e de entusiasmo formada pelo povo –, mas ele conseguiu, e ao chegar diante do altar, perguntou: "Tem Santíssimo?". Ao ouvir a resposta positiva, ele imediatamente caiu de joelhos. Sim, caiu com os dois joelhos no chão (não é força de expressão). Ele não fez uma simples genuflexão, mas praticamente atirou-se aos pés do Mestre, do Senhor Jesus, ali presente na Eucaristia.

Como ele conseguia fazer aquilo foi uma pergunta que fiz muitas e muitas vezes, pois sempre que entrávamos em uma Igreja ou capela, sua primeira pergunta era a mesma: "Tem Santíssimo?". E se ali estivesse o Pão Sagrado, sua atitude de adoração era igual.

Muitas vezes, no decorrer dos anos em que pude conviver com ele, eu lhe disse: "Meu padrinho, não se preocupe em ajoelhar-se. Jesus entende!". Mas, aí, é que ele se ajoelhava mesmo!

Em poucos minutos, ele me ensinou duas grandes lições:

82   Padre Antonio Maria

1. O pescador de homens tem que ter devoção, amor e respeito até mesmo aos outros pescadores, chamados à beira de tantos mares para continuar a missão dos irmãos pescadores do mar da Galileia.

2. O pescador de corações tem que ser um pescador do Senhor na Eucaristia, o centro de sua vida deve ser esse Pão Sagrado: "Sem mim nada podeis fazer", "Eu sou o pão da vida".

*

Durante todo o tempo que estive com frei Damião, notei que ele não largava uma pequena cruz na qual estava amarrada uma fita vermelha e um terço. Talvez fizesse isso para nos dizer como Paulo, aos Coríntios: "Nós pregamos Cristo Crucificado, escândalo para os judeus e loucura para os pagãos" (I Coríntios 1, 23), e como Jesus a João no alto do calvário: "Eis aí tua mãe" (João 19, 27). Seu dedo polegar e o indicador já tinham as marcas das contas, de tanto que passavam por elas louvando a "cheia de graça".

Confesso que meu amor por frei Damião foi realmente à primeira vista. Com o tempo, pude privar de sua amizade, de seu carinho, e saborear sua santidade, alimentar-me com seu exemplo, com seu testemunho de mártir do Evangelho.

Não era fácil ser frei Damião. Não era fácil o assédio do povo, nem aquelas viagens apostólicas, nem ouvir horas a fio a confissão de centenas de fiéis. Não era fácil ser o centro das atenções para quem era a humildade personificada e ouvir o clamor do povo pedindo-lhe milagres. Não era fácil, por vezes, ter alguns fios de barba arrancados por alguma beata mais ousada, que acreditava que chá feito com fios de sua barba curava tudo.

Não era fácil tomar as refeições sendo alvo de centenas de olhares curiosos e de flashes de máquinas fotográficas, que precisavam registrar o mais simples e o menor gesto do santo. Assim como não era fácil constatar que ainda havia muitos peixes a serem pescados, nem se deparar com problemas pastorais modernos, para os quais ele, em sua humildade tão marcante, não se achava preparado para resolver.

Não era nada fácil ser frei Damião, mas nunca o ouvi se queixar! Sei, porém, que sofria no corpo e na alma.

Um dia, ao ver uma mancha de sangue em suas vestes, perguntei-lhe o que era e ele não quis dizer. Pedi, falei-lhe que Nosso Senhor ficaria contente se compartilhasse isso conosco, pois tínhamos um médico que poderia ajudá-lo. Então, ele aceitou ser tratado. Tinha uma ferida grande nas costas, abaixo da cintura, e sua coluna devia doer também.

E assim ía nosso santo missionário, combatendo o bom combate e confirmando o povo na fé. Suas missões eram lances extraordinários de rede. A pesca era abundante, com o risco até mesmo de romper as redes.

Frei Damião era um pescador obstinado. Sua ideia fixa era salvar almas. Queria que todos os peixes fossem aproveitados, nenhum podia ficar atirado à praia.

A meu convite, frei Damião esteve três vezes em São Paulo, no Jaraguá, para "pescar" os nordestinos, que são milhões nesse Estado.

Chegava a hora das refeições, eu me dirigia a ele, que ouvia confissões, e dizia: "Meu Padrinho, é hora da janta". Então, ele queria saber se ainda havia alguém na fila. Como geralmente havia, eu lhe dizia que as pessoas esperariam enquanto ele jantava, mas ele insistia: "Não, não! Quero primeiro ouvir suas confissões. A janta pode esperar".

*

Para convencer frei Damião a fazer algo que a primeira vista lhe parecesse sem cabimento ou até impossível, bastava que eu lhe dissesse: "O senhor vai dar muita alegria a Jesus e muitas almas serão tocadas pela graça, meu padrinho". Aí, então, ele concordava.

Foi isso o que aconteceu em uma ocasião, quando participei de outra de suas missões em Palmeira dos Índios.

A missão terminara justamente no domingo de Ramos, e veio-me a ideia de encerrar aquelas missões de modo diferente. Em geral, frei Damião participava da procissão, antes da missa final, num carro aberto, ao lado de uma imagem de Nossa Senhora, mas, dessa vez, a exemplo do Divino Mestre, propus que ele andasse pelas ruas montado num jumentinho. Que loucura, meu Deus! Nem sei se hoje eu me atreveria a ter essa ideia e, menos ainda a colocá-la em prática.

Falei ao padre Odilon, que se animou. O jumentinho não seria problema, pois ele conhecia um senhor que possuía um bem mansinho. E para que frei Damião não sofresse nenhum incomodo na "cavalgada", arquitetei um plano: fazer uma sela que fosse como uma cadeira confortável, com braços e tudo. Um carpinteiro assumiu essa missão. Só faltava convencer frei Damião.

Fui ao seu quarto e, sentados na cama, comecei a apresentar-lhe meu plano. À medida que eu explicava, ele ia perguntando: "Mas, como?" Expliquei que a sela era uma cadeira, mas minhas explicações pareciam confundi-lo mais ainda. Por fim, eu disse: "Meu padrinho, fique descansado que tudo dará certo. Jesus vai ficar muito contente e tenho certeza de que muitos corações serão tocados, e o nosso bispo também ficará muito feliz! Então, ele sorriu, maneando a cabeça como quem reprovava, mas aceitando, e disse: "Está bem! Está bem!".

Ainda não havíamos falado com o senhor bispo dom Fernando Iório, e quando padre Odilon lhe falou do nosso intento, ele foi taxativo: "Não me responsabilizo!". Porém, como tínhamos o aval do santo missionário, demos início aos preparativos: uma senhora fez paramento vermelho para que frei Damião o vestisse e, como adorno, colocamos no paramento o rosto de Cristo que eu havia pintado para usar em um show em Joanesburgo, na África do Sul. Assim, meu padrinho lembraria mais ainda o próprio Cristo, pois, na verdade, ele, como sacerdote, era um "alter Christus".

Quantos peixes esse homem pescou! Quantas almas salvou para Deus! Quantas famílias restaurou! Quantos viciados tirou do caminho da degradação humana.

Quanto bem fez esse "corcundinha" de Deus!

*

Frei Damião viveu para Deus e para salvar almas, nada mais lhe interessava.

Tive a honra e a emoção de ser testemunha perante o tribunal eclesiástico da Arquidiocese de Recife no processo de beatificação desse servo de Deus. Tenho a certeza de que sua pesca foi abundante, porque sempre lançou suas redes em nome de Jesus. Obediente ao mandato do Mestre, e teve sempre o cuidado de consertar suas redes na oração, na humildade e, com frequência, se ajoelhava diante de um irmão sacerdote para pedir perdão, e na entrega total ao seu ministério sacerdotal-missionário, sem descanso, como Jesus, "que mal tinha onde repousar a cabeça".

Ele deixou tudo e deu-se por inteiro.

Sua vida era um milagre. Até hoje, não sei como aguentava o ritmo que levava. Um de seus confrades contou-me que frei Damião, ao chegar da Itália, padre novo, não sabia falar nossa língua, mas não esperou aprendê-la, e escreveu seus sermões em italiano. Aí, pediu que os traduzissem para o português e os decorou.

Até o fim da vida, suas pregações eram decoradas – que memória incrível! Suas pregações iam de quinze minutos a uma hora ou mais. Às vezes, quando ouvia conversas paralelas, interrompia a pregação e gritava: "Comadres!!!". E o silêncio voltava a reinar para que ele continuasse a pregação sem perder o fio da meada. Ainda hoje, quando vou ao Nordeste cantar e falo da importância da missa aos domingos na vida de cada um e da comunidade, pergunto se as pessoas se lembram de uma frase que frei Damião gostava de repetir (era uma frase do Santo Cura d'Ars), e todos se lembram e gritam numa só voz: "Domingo sem missa é semana sem Deus".

*

Frei Damião viveu quase 100 anos.

Não vou me esquecer do dia que me despedi dele para sempre aqui na Terra. Ele estava internado já fazia tempo no Hospital Português, em Recife, e os boletins médicos não eram confortadores.

Alguém, brincando, disse um dia, quando falávamos de sua longa agonia: "Sabe, padre Antonio Maria, os médicos descobriram a doença de frei Damião. É surdez – Jesus chama, chama e ele não escuta".

Bem, voltemos à despedida. Eu viajava para um show em João Pessoa e o avião fez conexão em Recife. Enquanto esperávamos o voo, eu pensava que estava tão perto de frei Damião e não podia vê-lo. Liguei, então, para frei Fernando, seu companheiro de tantos anos, e disse-lhe que estava indo para João Pessoa e pedi-lhe que desse um beijo nele por mim.

Como eu queria estar lá! Como desejava despedir-me dele, beijar sua mão, fazer-lhe um carinho e rezar por ele. Enfim, despedir-me.

De repente, ouvi pelo autofalante: "Senhor Antonio Borges e senhor Orlando Silva, por favor compareçam ao balcão da Vasp". Quando chegamos lá, fomos informados de que, infelizmente, o voo que nos deixaria em João Pessoa fora cancelado e que a companhia aérea mandaria um táxi para nos levar a João Pessoa.

Imediatamente pensei: "Eis a oportunidade de ver meu padrinho". Então, perguntei à funcionária da Vasp se haveria a possibilidade de o taxista nos levar primeiro ao Hospital Português, pois eu queria fazer uma visita a frei Damião, e ela disse prontamente: "Claro, padre! Junto dele, peça a Deus por mim!".

Lá fomos nós! E eu pensando: "Deus não dá ponto sem nó; olha só o que Ele fez: cancelou um voo na Vasp para me dar essa graça". Comecei a pensar de que modo eu conseguiria acesso à UTI para visitá-lo, mas, ao chegar ao hospital, a primeira pessoa que vi foi dom Paulo Cardoso, bispo de Petrolina, onde eu já havia ido algumas vezes "pescar" a seu convite. E ele, que era um ardoroso amigo de frei Damião e que estava sofrendo muito com a agonia de nosso santinho, levou-me a UTI.

Ali estava o pescador de homens, o santo missionário do nordeste, o incansável peregrino de Deus, aparentemente sem vida, com o rosto e as mãos deformadas pelo inchaço.

Ali estava descansando aquele que parecia nunca ter se cansado na longa pesca de seu ministério sacerdotal.

Beijei sua mão direita. Levava comigo a imagem da Mãe Peregrina que ele tantas vezes beijou e diante da qual tantas vezes rezamos o terço e celebramos missa. Coloquei-a sob sua mão direita e pedi a Ela que pegasse no colo aquele filho tão amado. Na minha oração, regada pelas lágrimas que eu não podia conter, disse à Mãe do céu: "Mãe, sei que em breve a senhora o vai receber no céu. A senhora o apresentará a Jesus. Eu te peço, Mãe, que, do céu, todas as vezes que eu abençoar o povo com tua imagem, que agora está sob a mão deste homem santo, que ele do céu abençoe também".

Parti dali certo de que era a última vez que o via vivo. Agradeci a Deus o privilégio de tê-lo conhecido, de tê-lo amado e de ter sido amado por ele.

No dia 31 de maio, frei Damião foi celebrar no céu.

Aqui na Terra, ele tantas vezes tinha incentivado o povo a fazer a coroação de Nossa Senhora no último dia do seu mês.

Imagino Nossa Senhora recebendo-o e levando-o a Jesus. Juntos, devem tê-lo coroado com a coroa da glória. Pode até ser, que em sua humildade, não a queira ter recebido. Aí, Nossa Senhora pode ter usado a velha estratégia: "Jesus vai ficar bem feliz e muitas almas vão se salvar".

9

O pescador que cantava ópera

Solamente una vez se ama en la vida...
Solamente una vez y nada más...

Talvez você conheça estes versos, são do bolero "Solamente una vez" de autoria de Augustin Lara, que se popularizou na voz de José Mojica, cantor e ator. Ao ouvi-lo, imaginamos que se trata de uma canção de amor, romântica... Na verdade, é uma canção de amor, sim, mas de um outro tipo de amor.

Essa canção foi feita especial-mente para José Mojica. E com que emoção ele a cantava. Era, de um certo modo, o resumo de sua história de amor com Deus e de sua conversão.

> Nesse período, mais ou menos no meio de 1966, comecei a entrar numa crise, à qual dei o nome de "crisedeindignidade".

Quando eu era menino, a revista *O Cruzeiro* publicou capítulo por capítulo sua autobiografia intitulada *Eu pecador*. Naquele tempo, não me interessei em ler nem um capítulo sequer, mas lembro que minha tia Olívia lia e comentava algumas coisas. Eu me contentava em ver as fotografias.

Meu último ano de seminário menor foi 1966; eu cursava o último ano do Clássico.* Em 1967 começaríamos o noviciado dos padres palotinos, em Augusto Pestana, Rio Grande do Sul. Nesse período, mais ou menos no meio de 1966, comecei a entrar numa crise, à qual dei o nome de "crise de indignidade". De repente, comecei a duvidar da minha vocação. Eu pensava: "Deus não pode ter me chamado, não sou digno, sou um pecador, não mereço tal graça". Aquela crise me incomodava, mas, ao mesmo tempo, pela aproximação do noviciado, eu via uma etapa importante da minha vida sendo concluída e uma proximidade maior do sonho tão alimentado de um dia ser padre. Aquela "virose" de indignidade me abatia e muitas vezes me fez chorar, sozinho, ou melhor, na presença de Jesus, no sacrário da capela, e de Nossa Senhora, em seu pequeno santuário.

Eu me lembrava da passagem bíblica: "Ninguém se apropria desta honra senão somente aquele que é chamado por Deus como Aarão" (Hebreus 6, 4). Não estaria eu me atrevendo, apropriando-me dessa honra?

E em meio àquela crise quase destruidora de minha vocação, encontrei "por acaso" (outra deusdência...) um livro com o título *Eu pecador*. Senti-me tocado. Eu era o pecador. Senti-me atraído a folhear a obra para ver se me interessaria ou não, e não precisei de muito tempo para descobrir que se tratava da mesma história que tia Olívia lia nas páginas de *O Cruzeiro*.

Comecei a ler o livro. Sentia-me cada vez mais preso àquela história maravilhosa de um menino mexicano, filho de mãe sol-

---

* Naquela época, a educação formal compreendia os cursos Primário (7 a 10 anos), Ginasial (11 a 14 anos) e Clássico ou Científico (15 a 17 anos), o primeiro voltado para ciências humanas e o segundo, para exatas.

teira, que queria ser cantor e que de fato o foi. Sim foi um dos grandes cantores de ópera de seu tempo. Sua mãe, devotíssima de Nossa Senhora de Guadalupe, consagrava seu filho aos cuidados da Virgem Morena. José Mojica, embora de boa índole, não era tão religioso como sua mãe.

"Seu coração estava lá onde estava o seu tesouro", e seu tesouro era a ópera, o canto, o palco. Ele era um galã. José Mojica tornou-se um grande cantor e ator de Hollywood, com um futuro promissor. E como ele se tornou um pescador de corações? Ele mesmo conta:

> *"Eu tinha 27 anos, mas era um homem sem caráter. Meu caos interior dizia-mo. Minhas horas de longas meditações sobre livros, que lia para encontrar o caminho que me desse a paz, eram infrutíferas, pois hoje lia um autor, amanhã outro que pensava de maneira diferente e era eu como um barco sem leme ao sabor do que caía em minhas mãos, ou do que me aconselhavam que lesse." (Eu Pecador; José Mojica, p. 228.)*

Mojica passava uns dias de descanso numa ilha com um amigo, onde juntos aproveitavam o tempo para ensaios, e lá fez grandes descobertas:

> *"Não estava, pois, errado, quando, no mais íntimo do meu ser, ansiava por voltar à vida aldeã que conhecera na infância. As grandes urbes e a humanidade enamorada de seu febril movimento, rapidez de trânsito, luzes, ruídos e prazeres estafantes eram verdadeiramente um mundo que marchava para as riquezas, as guerras mundiais, o castigo inevitável do terror, o fogo e a morte.*
> *Eu não havia nascido para essa vida. Minha natureza, meu temperamento, minha herança racial de não sei*

quantos séculos, falavam-me de outras coisas, radicalmen-
te opostas às que nos Estados Unidos eram consideradas
grandiosas." (Idem, pp. 228-9.)

Um belo dia, quase "por acaso", ele encontrou um livro sobre São Francisco de Assis numa salinha de leitura.

Ele conta que, quando seu amigo Jimmy o viu com o livro nas mãos, disse-lhe: "Aí vais encontrar-te a ti mesmo".

Mojica, finalmente, encontrara sua praia. E mais: encontrara o farol que iluminaria sua travessia em meio às trevas. Ele se convencera de que aquele era o caminho. Mordera a isca do divino pescador, uma isca que se chamava Francisco de Assis. Esse santo foi a isca e o grande pescador do coração daquele talentoso cantor e ator.

O caminho ainda era longo, mas, em seu interior, Mojica já abraçara perfeitamente consciente sua vocação verdadeira. Sem saber como seguir adiante, abriu os braços e gritou uma frase de São Francisco que Jimmy lhe ensinara e recomendara que repetisse sempre: *"Deus meus, et Omnia"**.

Em 28 de agosto de 1934, José Mojica ingressou na Ordem Terceira de São Francisco. Interessante, pois eu também comecei por aí meu caminho de consagração total a Deus.

Ao contar à sua mãe o passo que dera, Mojica escutou dela palavras que, como ele mesmo afirma, "ficaram gravadas em sua memória com letras de fogo". Ela lhe disse: "Sou feliz, meu filho, mas lembra-te de que com Deus não se brinca".

José Mojica ainda fez uma longa caminhada até a entrada definitiva na Ordem Franciscana.

Por fim, decidiu ir para um convento. Um amigo lhe perguntou para onde iria e ele respondeu: "Não sei! Quiçá para o

---

* Meu Deus e meu tudo.

convento de São Damião, perto de Assis...". O amigo alertou-o de que o artista que nele havia estava procurando cenários e não vida religiosa; disse-lhe que se vai para um convento para servir a Deus com maior perfeição, para fazer apostolado e santificar-se no sofrimento, e não para gozar dos crepúsculos. Então, Mojica sentiu-se humilhado e respondeu: "Irei para a China, para a Índia. Lá onde ninguém me conhece e poderei morrer esquecido de todos". Diante de tal resposta, o amigo, advertiu-o de que não deveria ser extremista, pois a virtude estava no meio, e mostrou-lhe um mapa da América do Sul, onde "também há crepúsculos", disse-lhe.

Quando se viu só, diante do mapa, José Mojica pensou: "Vou fazer como meu pai São Francisco fazia nos momentos de incerteza". Então, fechou os olhos, correu o dedo indicador sobre o mapa e, enquanto dizia "Em nome do Pai, do Filho e do Espírito Santo", decidiu: "Irei para onde meu dedo apontar".

Ao abrir os olhos, seu dedo estava sobre a cidade de Cuzco, no Perú. Então, aos 10 de setembro de 1941, ele escreveu ao superior franciscano de Cuzco e logo recebeu a resposta: "Venha!".

José Mojica terminou a gravação do filme *Melodias da América* e assim despediu-se da "vida mundana".

Na festa de despedida de seus colegas de arte, disse a todos:

> *"Meus irmãos, ninguém, nem eu mesmo, consigo compreender o que há em meu coração. Posso assegurar-lhes que amo a arte e todas as suas expressões, e, na arte, a todos os meus bons irmãos, como vocês, e a todos os artistas e companheiros de trabalho, desde os mais altos valores até o mais humilde e obscuro carpinteiro, pintor, alfaiate ou eletricista. 'Com Deus não se brinca', disse-me uma vez minha mãe, e sei que há um poder muito maior que todos os poderes do mundo: a oração. Vivendo em oração e para a oração, eu sei que farei maior bem a quantos me amam ou*

me odeiam do que o que poderia fazer-lhes sendo artista. Eu creio na oração." (Idem, p. 335.)

Mojica pensava em ser apenas Irmão Franciscano, pois acreditava que o sacerdócio era sublime demais para o pecador que acreditava ser, mas o superior lhe disse: "Vá ao México, venda o que tem, divida com os pobres e, depois, tome a sua cruz e siga-nos. Procure voltar em março, para ingressar como noviço de coro".

Mojica sabia que "noviços de coro" eram os destinados ao sacerdócio, e respondeu: "Padre, mas eu só desejo ser irmão". O superior, então, foi incisivo e disse: "Você veio com o desejo de obedecer, não é? Pois então obedeça!".

José Mojica foi à capela. Na hora da comunhão, a dúvida voltou à sua mente: irmão ou padre?

Foi aí que Deus falou ao coração de José Mojica. Deixemos que ele mesmo nos fale desse momento tão sublime em sua vida:

> *"Não posso explicar como nem por que subiu de meu peito ao meu cérebro uma voz, que podia ser um pensamento meu. Disse-me com toda a clareza: 'Tu és o pano de chão do meu altar'. Não soube, de imediato, interpretar o significado dessa frase. Já na rua, tentei entendê-la. O pano de chão é uma coisa cheia de imundície, destinado a estar em contato com ela, a recolhê-la em suas toscas e úmidas pregas. Quando o submerge em água limpa, nela deixa o lodo. Novamente empapado, volta ao chão, para recolher a sujeira e deixá-lo limpo. Um chão asseado é algo muito agradável; logo, o pano de chão, farrapo imundo, é útil, e como sempre esteve em contato com imundície é fácil recolhê-la. O altar do Senhor é manchado por nós quando nos acercamos dele com a alma suja. Quem pode considerar-se perfeitamente limpo em todos os momentos? Eu fui lavado muitas vezes, trazido e levado pela vida entre sua lama. Se*

 [1]
 [2]
 [3]

 [4]
 [5]

Padre Antonio Maria bebê [1], na escola [2], no primeiro ano de seminário, com 16 anos [3] e como estudante na Alemanha [4]. Os pais do padre (Francisco e Mavília) com a sobrinha Ana Cristina [5]. Catequistas do padre (Hilda, Adélia e Lilian) [6].

 [6]

Padre Antonio Maria noviço palotino em 1967 [7], com frei Damião [8], com Irmã Dulce [9] e com irmã Zoé [10].

[7]   [8]

[9]   [10]

[12]

Padre Antonio Maria orando diante de Nossa Senhora do Novo Caminho [11].
Padre Antonio Maria com o papa João Paulo II em 1981 [12].
Papa João Paulo II coroa o menino Jesus em 2000 [13].
Papa Bento XVI coroa a mãe do céu em Roma em 2007 [14].

[13]

[11]

[14]

[15]

[16]

Padre Antonio Maria com as Irmãs Filhas de Maria – Servas dos Pequeninos [15]. Padre Antonio Maria com algumas das crianças da Obra Novo Caminho e seu sobrinho-bisneto Caio, ao fundo [16].

Padre Antonio Maria com um bebê da Obra Novo Caminho [17]. Roberto Carlos ao lado do padre Antonio Maria em seu último show em Jerusalém, em Setembro de 2011 [18].

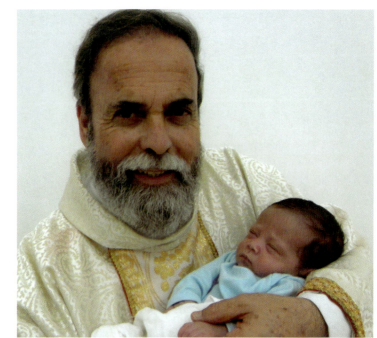

[17]

[18]

[19]

[20]

O começo deste livro.
Padre Antonio Maria e seu
caderninho verde [19].
Padre Antonio Maria
no mar da Galileia em
setembro de 2011 [20].

"Não sabeis que sois o Templo de Deus, e que o Espírito de Deus habita em vós?" (I Coríntios 3, 16)

chego a ser religioso idôneo para alcançar os cimos do sacerdócio, poderei, como quem já viveu várias vezes 'o lavatório da alma', pôr-me em contato, sem repugnância, sem temor, com tudo aquilo que mancha o altar do Senhor, e retirá-lo, empapado em pranto de amor. Não quero morrer, Senhor e Deus meu, sem haver sido o 'pano de chão do teu altar'!"
(Idem, p. 338)

*

Assim como aquele momento significou uma resposta de Deus para ele, eu também senti que a leitura daquela parte de sua autobiografia era uma resposta para mim. Entendi que Deus me queria como pano de chão do seu altar e,

> Ele me chamava, não apesar das minhas sujeiras, mas justamente por causa delas.

a partir daí, nunca mais duvidei de seu chamado e reconheci que Ele me chamava, não apesar das minhas sujeiras, mas justamente por causa delas.

As dúvidas de frei Mojica acontecem com frequência no coração de qualquer pessoa.

"Por que estais perturbados e por que estas dúvidas nos vossos corações? Vede minhas mãos e pés, sou eu mesmo, apalpai e vede: um espírito não tem carne nem ossos, como vedes que tenho." (Lucas 24, 38-39)

Mas é assim mesmo, isso acontece nas melhores famílias. Quantas vezes nos deixamos levar pelas dúvidas? Quantas vezes, por mais claros que sejam os sinais, nos perturbamos, mergulhados no mar das dúvidas, quando atacados por provações? É por isso que, em sua carta, São Tiago nos alerta, para sabermos que atitudes devemos ter, como deve ser nosso comportamento, nossa oração: "Se alguém de vós necessita de sabedoria, peça-a a Deus – que a todos dá liberalmente, com simplicidade e sem recriminação – e ser-lhe-á dada. Mas peça-a com fé, sem nenhuma vacilação, porque o homem que vacila assemelha-se à onda do mar, levantada pelo vento e agitada de um lado para o outro" (Tiago 1, 5-6).

*

Frei Mojica lutou contra as dúvidas de ser merecedor ou não, ele não deixou de pedir luz. Com filialidade implorava à *madrecita*, a *la Virgen morena*, Nossa Senhora de Guadalupe, que intercedesse por ele.

Um dia, preparando-me em São Paulo para ir à Alemanha continuar os estudos para o sacerdócio, tive a oportunidade, acompanhado por meu diretor espiritual, padre Vitor Trevisan, de assistir num dos cinemas da capital paulistana ao filme *Seguirei seus passos*, no qual frei José de Guadalupe atua como protagonista, fazendo o papel do que era na verdade: um sacerdote franciscano.

Como sacerdote, frei Mojica atuou em outros filmes e levou pelo mundo a mensagem do Evangelho cantando em muitos palcos. Foi, talvez, o primeiro padre cantor do mundo. No Brasil, participou com seu show das festividades de inauguração da televisão no país.

Quando eu me preparava para minha Ordenação sacerdotal, frei Mojica esteve muito presente em minhas meditações e orações.

Enviei uma carta ao guardião do convento em que ele vivia, em Lima, Peru, contando o quanto sua vocação, seu testemunho, tinham me ajudado, e pedindo-lhe que me enviasse um cordão Franciscano que tivesse sido usado por ele para eu usar como cíngulo na cerimônia de Ordenação.

Minha carta chegou ao convento, mas bem depois da morte de frei José de Guadalupe. Os padres franciscanos de Lima foram de uma delicadeza imensa para comigo; enviaram-me uma das últimas fotos do querido frei José. Ele estava sentado em uma cadeira de rodas, por ter tido uma das pernas amputada, e bem magro, mas era ele, aquele que para muitos foi um ídolo e que, para mim, foi e é um ideal. Assim mesmo, usei em minha ordenação um cordão franciscano doado por frei Martinho Triese, fundador das Irmãs Catequistas Franciscanas, em Jaraguá.

*

Na carta de Lima, o frei que assistira a morte de frei Mojica, contou-me com detalhes esse momento:

> *"Era cedo. Frei Mojica pediu-me para abrir a janela. Entravam os primeiros raios de sol. O canarinho que ele tinha numa gaiola começou a cantar. Então, ele me pediu para colocar na vitrola um disco dos Mariaches, com canções típicas mexicanas. Nesse clima de festa e de luz, frei Mojica, fechou os olhos calmamente para este mundo."*

E, ao abri-los, na eternidade, com certeza houve sinos tocando – imagino-o cantando "Solamente una vez"... – e Jesus o recebendo, juntamente com sua Mãe, a Senhora morena de Guadalupe, dizendo-lhe: "Entra, filho! Obrigado por ter sido o pano de chão do meu altar."

10

O pescador número 29392

Ele fora preso pela Gestapo. Suas ideias não agradavam em nada ao regime. Foi acusado de ter criticado o Estado e a comissão do nacional-socialismo. Primeiro, foi levado a uma cela solitária, em um porão. A ventilação era mínima, o piso e as paredes de cimento, sem aquecimento, e a altura desse *bunker* (era esse o nome da cela na qual eram recolhidos os grandes criminosos) não permitia sequer ficar de pé. Quem passou por isso foi o padre Kentenich. Foi em Vale Vêneto que ouvi falar dele pela primeira vez e vi uma foto sua.

Desde criança, ele foi marcado por uma profunda sede de liberdade. Não se deixava intimidar por nada. Conta-se que um dia, vindo da missa, passou pela casa de uma prima e ela o proibiu de mexer na lareira para não sujar sua roupinha de domingo, mas ele mexeu. E, óbvio, sujou a roupa. A prima lhe deu uns tapas e ele disse:

– Vou contar pra mamãe!

– Não, primo. Eu te dou um santinho.

Ele pegou o santinho e guardou-o no bolso de seu casaquinho.

Mais tarde, em casa, quando todos estavam à mesa para o almoço, inclusive a prima, ele tirou o santinho do bolso, devolveu-o a ela e disse:

– Mamãe, ela me bateu.

Ele tinha horror à creche, sentia-se encarcerado, mas acabou sendo um prisioneiro da Gestapo. Constipou-se várias vezes e seu nariz sangrou. Quando entrou na cela, disse a seu acompanhante: "Agora poderei fazer férias". De onde estava, escutava os gritos desesperados de outros presos das celas vizinhas. Então, começou a cantar os cânticos que conhecia e lamentou-se por não saber todos de cor.

> Na prisão, conquistou o coração de dois guardas: um católico e um evangélico.

Diz-se que, mais tarde, ele pedia às irmãs que aprendessem todas as estrofes dos cânticos, para que, caso fossem presas, pudessem cantá-los sem o livrinho.

Ele passou quatro semanas naquele *bunker* e saiu de lá "como um vencedor", sem marcas no corpo e nem no espírito, testemunhou o capelão da prisão, Monsenhor Paul Fechler.

De lá, ele foi para uma cela comum, usufruindo do direito que os presos tinham de enviar, de vez em quando, cartas aos familiares. Sua primeira carta foi para o padre Muehlbeyer, que era um de seus colaboradores.

> *"Diga por favor a todos que tenham interesse, que estou bem; as quatro primeiras semanas pude rezar, com o Credo, 'desceu aos infernos', mas desde o dia 18 de outubro, 'subiu aos céus, quer dizer, às luminosas alturas, onde posso levar agora a vida contemplativa de um monge Carmelita. Corpo e alma acostumaram-se muito bem, e rapidamente, às circunstâncias. Enfim, não há motivo para plasmar lendas*

e histórias horripilantes...' Quem quiser me procurar e me visitar, me encontrará em todo momento no coração de Deus e de Maria. Todos os que se inscreveram nesses corações estarão sempre juntos de mim e em mim". (Do livro Um profeta de Maria, de padre Esteban J. Uriburu).

Como eu reagiria? Pergunto-me sempre que me vejo às voltas com esse assunto. Dizem que, dos 85 sacerdotes que passaram por lá, 99% saiu destruído interiormente.

Respondendo a um prisioneiro que um dia lhe perguntou se ele também não havia tido suas horas amargas, ele disse: "Não tive nem um segundo sequer; nem quando estive no *bunker*, que era uma máquina extraordinária de desgaste".

Imagino quão grande deve ter sido o sofrimento naquela cela. O médico o examinara e diagnosticara: "Apto para o Campo de Concentração. Não morrerá na viagem, ainda tem saúde".

Na prisão, conquistou o coração de dois guardas: um católico e um evangélico. Ele era padre, um pregador de retiros espirituais muito conhecido na Alemanha.

Não muito longe da cidade de Koblenz, onde estava preso, havia uma pequena cidade à beira do Reno: Vallendar. Nessa cidade havia um bairro chamado Schoenstatt (lugar bonito), onde ficava o "tesouro e o coração" de padre Kentenich, pois era o centro de um movimento católico fundado por ele em 1914, durante a Primeira Guerra Mundial.

O bairro Schoenstatt nasceu de uma pequena capelinha, que, a partir do dia 18 de outubro de 1914, se tornou um santuário de Maria, mediante um contrato de amor feito pelo padre Kentenich, ao qual ele deu o nome de "Aliança de Amor". Ele já havia fundado

> Não lhe faltavam hóstias e vinhos, que os guardas traziam para suas celebrações clandestinas na prisão.

várias comunidades religiosas e, para todas, era o pai, o mestre e o mentor.

A prisão o separava de seu mundo e dos seus. Para seus filhos e filhas espirituais, era terrível saber que estava preso. Os guardas, que ele pescara com sua marcante paternidade, serviam-lhe de estafetas (é o que hoje se chama *office boy*) e, às escondidas, levavam e traziam correspondência para ele. Em suas cartas, dava testemunho de fé, de conformidade com os planos de Deus, e procurava dar a seus filhos e filhas elementos para profundas reflexões e para decisões essenciais.

Não lhe faltavam hóstias e vinhos, que os guardas traziam para suas celebrações clandestinas na prisão. O altar ficava embaixo da cama, escondido. E na eucaristia, se alimentava para enfrentar o fardo nada suave que lhe fora colocado sobre os ombros.

Em Schoenstatt, quando soube-se que ele estava na lista para ir para o campo de concentração, céus e terras foram movidos para que isso não acontecesse. Seria o fim! Quem escapava daquele inferno?

As irmãs descobriram um conhecido do médico que o examinara e imploraram-lhe que mudasse seu diagnóstico em favor daquele sacerdote. O médico até se dispunha a fazê-lo, mas era indispensável que o preso pedisse, por meio de um formulário, uma nova consulta médica. Aí começou uma troca clandestina de cartas. As irmãs chegaram até mesmo a descobrir que da torre da igreja podiam vê-lo em sua cela e, através de sinais, tentavam pedir-lhe que assinasse o requerimento. Uma verdadeira maratona de sinais e de cartas clandestinas em que imploravam por tudo e por todos.

A luta que esse homem travou consigo mesmo e com Deus não foi fácil. Que fazer? Assinar ou não assinar o pedido de uma nova consulta?

"A intranquilidade", disse ele mais tarde, "provocada por essa questão não me abandonava. Foram dias terríveis. Interiormente, lutei e rezei. Não tinha nem uma visão, nem um sonho, nem sequer uma iluminação especial. Na luta solitária, contava apenas com a simples fé na Providência. Durante horas seguidas andei para lá e para cá na minha cela. Lutava, rezava e não sabia o que fazer. Devia preencher o formulário com o pedido? Não podia fazê-lo".

Seu sentido agudo de liberdade não o deixava aceitar qualquer tipo de manipulação nem qualquer subterfúgio para alcançar uma finalidade. Para ele, de fato, o fim não justificava o meio.

A pressão das irmãs e dos padres para que ele assinasse o requerimento era enorme: "Assina! Assina!". Mais tarde, ele chegou a dizer: "Ainda bem que eu usava óculos; assim, da torre, eles não viam minhas lágrimas".

Ele passou a noite de 19 para o 20 de janeiro de 1942 em oração, e no dia 20, durante a missa, teve a resposta, a certeza interior do que devia fazer. Então, ele soube que não queria ser libertado por nenhum meio humano, porque queria que a família vivesse realmente a Aliança de Amor. Queria que a família vivenciasse na prática aquilo que sabia em teoria; afinal, se confiavam na Providência Divina, na ação poderosa da Mãe junto ao Pai, ao Filho e ao Espírito Santo, precisavam provar isso na vida.

Orgulho-me de ser filho espiritual desse homem, o padre José Kentenich.

Com sua decisão, aos 20 de janeiro de 1942, ele deixou a seus filhos daquele tempo e a todos que por meio da Aliança de Amor também foram parte de sua fecundidade paterna-sacerdotal uma

> No campo de concentração, qualquer um se tornava ninguém.

herança extraordinariamente grande. "Quem nos separará do amor de Cristo? A tribulação? A angústia? A perseguição? A fome? O perigo? A espada?" (Romanos 8, 35).

Pescadores de corações 113

Há muitas coisas que separam Deus do nosso amor, mas, em seu amor por nós, Deus é fiel. O Pai é sempre pai, a Mãe é sempre mãe. O *Servus Mariae nunquan peribit** não é um enfeite, uma moldura dourada que adorna e torna mais linda a imagem da Mãe Três Vezes Admirável em seu santuário. É verdade! É crença! É testemunho! É vida, especialmente na vida desse Servo de Deus que foi o padre Kentenich.

No campo de concentração, qualquer um se tornava ninguém. Cada homem, cada mulher, era um número. Para Deus, não! Infelizmente, muitos pereceram interiormente bem antes de morrerem nas câmeras de gás. Faltou-lhes o alicerce da fé, da confiança em Deus. Em uma de suas obras, uma escritora alemã, da qual não me lembro o nome, dizia que Deus não podia ser pai, que Deus não era amor, e que chegara a essa conclusão pensando no horror que foram os campos de concentração. Contudo, padre Kentenich, que passara quase quatro anos naquele inferno, podia afirmar:

"*Gott ist Vater. Gott ist gut. Gut ist alles was er tut*"**. Ele compôs várias orações à Mãe do Céu, entre as quais a oração da confiança:

> "*Confio em teu poder e em tua bondade, em ti confio com filialidade, confio cegamente em toda situação, Mãe, no Teu Filho e em tua proteção*".

Esse homem, totalmente alicerçado no que meditava e pregava, não deixou de ser um pescador, nem mesmo naquele campo de terror e de dor. Ali, continuou sua fundação: fundou o Instituto dos Irmãos de Maria, a Obra das Famílias e a Internacional de Schoenstatt.

---

* Servo de Maria nunca perecerá.

** Deus é bom, Deus é Pai. Bom é tudo o que Ele faz.

Há muitos escritos de padre Kentenich desse tempo; livros e livros que ele escreveu até em papel de maços de cigarro. Quando o proibiram de escrever, pois foi descoberto, passou a ditar a alguns de seus discípulos, também presos, como ele. Pescou muitos corações. Um autoritário e prepotente chefe do campo, que por várias vezes fora agressivo com ele, um dia pediu-lhe humildemente: "Posso chamá-lo de pai?".

*

Mais uma vez, acontece uma "deusdência", pois estou escrevendo estas páginas sobre meu pai espiritual justamente no dia 14 de agosto de 2011, Dia dos Pais. Não programei fazer isso e agradeço a Deus por ter me dado esse pai e, por meio dele, ter me guiado na Aliança de Amor com a Mãe e Rainha Três Vezes Admirável. Agradeço por ter recebido o Santuário da Mãe como fonte de graças especiais para a minha caminhada. Ali me sinto abrigado. Ali sou transformado pela grande educadora que é Maria. E ali a graça vai fecundando apostolicamente o meu nada.

*

Na Alemanha, uma irmã contou-me que, um dia, padre Kentenich foi visitar a comunidade das Irmãs de Maria na cidade de Prüm. Algumas irmãs o levaram de carro de Schoenstatt até lá, pois era uma viagem longa, mas, na entrada da cidade, furou um pneu do carro. As irmãs, claro, não gostaram nada do incidente. Quem gosta? Então, ele saiu do carro e ficou de pé na calçada, enquanto elas providenciavam a troca do pneu. Nesse ínterim aproximou-se uma velhinha, e ele a saudou cordialmente, começou a conversar com ela, e conversando permaneceu durante todo o tempo que as irmãs levaram para trocar o pneu. Depois, voltando para o carro, as irmãs se lamentaram:

– Que pena! Esse pneu tinha que furar logo agora?!

– Que sorte! – disse ele – Deus me deu a oportunidade de falar àquela boa velhinha sobre a Aliança de Amor.

11

A pescadora que veio do México

Estive no México no início de 2009, e esse período que estive lá chamei de "tempo sabático". Eu precisava daquele tempo, que não foi fácil, mas extremamente abençoado. Lembro-me de um dia em que eu estava sofrendo muito interiormente, talvez tenha sido a época mais sofrida que vivi, pois precisava tomar algumas decisões que não eram fáceis, e me sentia muito intranquilo. A depressão me visitou para dizer que nem os padres escapam das enfermidades modernas. Nenhuma dúvida sobre minha vocação sacerdotal, não se tratava disso. Meu sacerdócio foi sempre – e peço a Deus que me dê a graça de continuar sendo – o maior presente de minha vida na Terra. Já disse publicamente muitas vezes, e repito: "Se Deus me quiser tirar a voz, porque sou um padre cantor e preciso dela para tal missão, pode tirar, mas peço a Ele e à Mãe do Sumo e eterno Sacerdote e de todos os sacerdotes que não permitam que eu perca esse dom do extraordinário e misericordioso amor de Deus por mim e por seu povo".

Imagine uma pessoa caminhando numa estrada e, de repente, vê uma bifurcação. Então, a dúvida: esquerda ou direita? E agora? Em qual dos caminhos devo empreender a caminhada?

Assim estava eu. Meu refúgio era Jesus e Maria e o sacrário na capela da casa. A ajuda e a orientação recebi de um sacerdote, que, no tempo que lá passei, foi meu diretor espiritual e confessor, e dos psicólogos que tive e que ministravam aulas e atendimento. Um dia, pensei que não aguentaria aquela pressão gerada pela situação de estar diante de duas saídas. Quase em desespero, recorri à Mãe de Deus; olhei para seu quadro, que estava à minha mesa de trabalho, e disse: "Mãe, a senhora já sabe como estou. Preciso de sua ajuda. Dá-me, Mãe, um sinal; vem me tranquilizar".

Sim, eu precisava ficar tranquilo para tomar a decisão certa. A Mãe me olhava silenciosamente. Então, lhe disse: "Já que a Senhora está quieta, não fala nada, vou ouvir o que Deus tem a me dizer com sua palavra, a Bíblia".

Peguei a Bíblia e, olhando para o quadro da Mãe Santíssima, eu disse: "Me ajude! Estou precisando. Tire essa falta de tranquilidade, tire esse sofrimento de mim. Parece até que Deus me esqueceu. Pede a ele para me ajudar! Pede".

Quando abri a Bíblia, caiu de dentro dela um santinho que estava ali, bem guardado. Era um santinho de Nossa Senhora das Vitórias, que uma irmã me dera em Mariana, quando fui buscar Vitor, meu filho, que a juíza tinha colocado sob a minha guarda. As irmãs da Congregação das Vitorianas tinham cuidado dele no hospital, e há anos eu não via aquele santinho. Nele, havia a estampa da Mãe das Vitórias e a frase: "Confia em Nossa Senhora das Vitórias!". Já era um sinal, e alguma coisa me disse que Ela se mostraria vitoriosa.

A Bíblia estava aberta em Isaías 43. Eis que o Senhor me falou: "E agora, eis o que diz o Senhor, aquele que te criou, Jacó, e te formou, Israel: 'Nada temas, pois eu te resgato, eu te chamo pelo nome, és meu... Estejas tranquilo pois eu estou contigo'" (Isaías 43, 1-19).

Meu coração foi invadido por uma certeza: Deus estava comigo, e a Mãe também. Eu não estava só. Eu precisava confiar mais. Precisava acreditar mais que eu era amado, que eu era importante para eles, que valia mais que o Egito, a Etiópia. Eu havia pedido: "Me faz tranquilo". E eles me tranquilizaram e ainda disseram: "Não vos lembreis mais dos acontecimentos de outrora, não recordeis mais as coisas antigas; porque eis que vou fazer obra nova, a qual já surge; não vedes?".

Não demorou muito tempo e tomei a decisão que acreditei ser a que Deus me apontava. A decisão era por um caminho novo, havia decidido que trilharia no caminho sacerdotal como sacerdote diocesano – esse era o novo caminho.

Era maio. As irmãs que cuidavam da casa onde eu vivia haviam colocado uma imagem de Nossa Senhora sobre uma coluna no jardim do pátio interno, para, assim, solenizar o mês dedicado a ela. Era uma imagem com seu menino nos braços, que dormia tranquilo e ostentava em sua cabeça uma tiara dourada muito linda. Eu passava por ela muitas vezes e sempre a reverenciava e rezava uma Ave-Maria. Um dia, eu estava diante dela quando surgiu a irmã Timotéa e, sem mais nem menos, me perguntou: "Padre, se a nossa Madre Serafina lhe desse esta imagem o senhor levaria ao Brasil?". Respondi-lhe que a madre jamais me daria a imagem; mas, se desse, claro que a levaria comigo. Então, irmã Timotéa disse que falaria com a madre.

Antes que irmã Timotéa se afastasse, perguntei-lhe o título da imagem, e ela disse que não havia nenhum título.

Confesso que sai daquela conversa gostando da ideia, mas duvidando de que esse "milagre" pudesse acontecer. E se a madre me desse realmente aquela imagem? Eu pensava em mil coisas. Que título daria a ela? Não, não devia alimentar essa esperança, pois podia me decepcionar, mas não havia jeito. Todas a vezes que passava pela imagem, eu pensava: "se fosse minha, que título daria a ela?".

Nesse tempo, eu estava percorrendo um caminho muito especial em minha vida. Era um tempo de renovação interior, de decisões mais profundas, radicais mesmo. Não se tratava de me decidir ou não pelo sacerdócio que há 33 anos eu recebera como um presente de Deus imensamente grande e imerecido de minha parte. Nunca duvidei de que Deus realmente tivesse me chamado para ser padre e, até hoje, nunca me arrependi por um segundo sequer de ter seguido esse caminho, mas eu precisava tomar algumas decisões. Como já disse, era como se eu estivesse numa bifurcação, tendo de decidir se iria para um lado ou para o outro. Sabia que qualquer escolha implicaria renúncias, sofrimentos, saudades e cruz.

Eu levara comigo para o México um quadro da Mãe e Rainha Três Vezes Admirável, o qual retratava apenas seu rosto, e seus olhos pareciam falar-me todas as vezes que rezava a Ela. Pedi muito que me mostrasse o caminho, e Ela entendia de caminhos. Lembrei-me de que Ela tinha ido muitas vezes ao templo, em Jerusalém; que conhecera o caminho do calvário; e lembrei-me também de passagens bíblicas que se aludiam aos caminhos da Virgem: "Foi às pressas às montanhas, à casa de Zacarias" (Lucas 1, 39); "Subiu com José da Galileia a Judá para se alistar quando estava grávida" (Lucas 2, 4-5); "Partiu para o Egito com José e o menino, fugindo do terrível Herodes"(Mateus 2, 13).

Ela me ajudou... Como Ela, tive de perguntar: "Como se fará isto?" (Lucas 1, 34). E o Espírito Santo respondeu em meu coração. Acreditei que Deus queria que eu seguisse um novo caminho, e aceitei: "Faça-se em mim segundo a tua palavra" (Lucas 1, 38).

Ao decidir-me, logo pensei que, se ganhasse aquela imagem, já saberia que nome dar a ela, seria Nossa Senhora do Novo Caminho.

Vivi as duas últimas semanas do mês de maio em uma paz e tranquilidade inexplicáveis.

O dia 31 de maio, um domingo, quis passá-lo em um mosteiro masculino para estar mais em comunhão com Deus e com minha decisão. Naquele dia, eu costumava celebrar com meus filhos, em espírito, os anos de fundação das Irmãs Filhas de Maria Servas dos Pequeninos.

À noite, voltando para casa, encontrei-me com irmã Timotéa, que assim que me viu foi logo dizendo: "O mês de maio termina hoje, já pode levar a Mãe do céu para o seu quarto".

Foi uma procissão solitária, ou melhor, a três: Ela, o menino e eu. Meu coração pulsava forte, e confesso que fui aspergindo água benta pelas escadas: minhas lágrimas de gratidão. Chegando ao quarto, coloquei-a sobre a mesa, ajoelhei-me diante dela, e só consegui dizer: "Obrigado por estar comigo!". E a aspersão de água benta continuava. No ímpeto de agradá-la, desci ao jardim, colhi um raminho de flores, coloquei-o num copo descartável com água e continuei a admirá-la e a rezar. De repente, tive a curiosidade de saber como aquela imagem era feita, pois seus braços se moviam. Então, ergui respeitosamente sua veste e – aí sim não faltou "água benta" – descobri, com grande emoção, que seus pés estavam em posição de quem está realmente a caminhar. Ela confirmava que, de fato, era a Senhora do Novo Caminho. Senti-me inspirado e escrevi uns versinhos para ela:

Ó Nossa Senhora do Novo Caminho, me leva em teus braços, Mãe, cuida de mim!

Quem anda contigo não anda sozinho. Eu sei que me amas, foi sempre assim.

Também eu te amo, vou sempre te amar, ó Mãe do Caminho, da vida e da luz.

Faz-me, no caminho de Deus, sempre andar, que eu faça somente o que pede Jesus.

Três dias depois recebi a notícia de que minha querida irmã, Lina, havia partido para a casa do Pai, e a presença da Mãe fez-me entender, como nunca, o que é a última caminhada na Terra.

Não é caminho de ida e sim de volta.

Minha irmã havia marcado muito minha vida, foi muitas vezes minha confidente e me dava broncas, quando necessário. Sempre senti que ela me amava muito e quão importante eu era para ela, que foi também uma pescadora de corações. Ela me apoiou muito em meu amor e respeito ao meu sacerdócio.

Quando meu sobrinho Junior, seu neto, me ligou do Rio de Janeiro, escolheu as melhores palavras para me dar a notícia: "Tio, agora temos uma nova intercessora no céu".

Nunca o jugo do Senhor foi tão suave e seu peso tão leve para mim. A Mãe do Novo Caminho me conduziu, de verdade, por um novo caminho. Hoje, sua imagem se encontra em Jacareí, no mosteiro Ain Karim, onde vivem minhas filhas, as da Contemplação.

Nossa Senhora do Novo Caminho tem atraído muitos corações e tem feito milagres de conversão em muitas almas. Creio que Ela quer realizar ali, de maneira bem palpável, sua missão, que é levar ao novo caminho – ao Caminho que é Jesus – muitos e muitos que percorrem caminhos velhos.

Acredito nisso, porque essa tem sido minha experiência pessoal: quanto mais me deixo conduzir por Maria, tanto mais me aproximo de Cristo, e por meio de Cristo vou ao Pai.

O Pai será sempre a última meta, o anseio mais profundo, o "por que" e o "para que" de nossa caminhada. Ele é o princípio de toda a história de salvação, e Jesus, o Caminho que conduz ao Pai. Só por Ele vamos ao Pai. Mas Maria foi o caminho pelo qual Ele veio a nós, e esse será o caminho mais fácil para irmos a Ele: por Ela.

É preciso que a graça e a natureza caminhem juntos em nós. Não podemos colocar em gavetas separadas esses elementos que fazem parte de um todo.

"Deus age por causas segundas", dizia São Tomás de Aquino. É por isso que coloca em nosso caminho transparências dele. A natureza nos leva a Deus, e mais ainda à sua obra-prima, que é o homem. Maria é o protótipo dessas transparências divinas.

O papa João Paulo II fala da mediação de Maria:

> *"O ir ao encontro das necessidades do homem significa, ao mesmo tempo, sua introdução no raio de ação da missão messiânica é do poder salvador de Cristo. Por conseguinte, sucede uma mediação: Maria se põe entre seu filho e os homens na realidade de suas privações, indigências e sofrimentos. Se põe 'no meio', ou seja, se faz mediadora não como uma pessoa desconhecida, senão no seu papel de Mãe, consciente de que como tal pode – melhor, tem o direito de – fazer presente ao Filho às necessidades dos homens."*
> *(Mãe do redentor – 21)*

> *"Em Caná, mercê à intercessora de Maria e à obediência do Criador, Jesus começa sua obra. (Mãe do Redentor – 21) Em Caná, oferece como aquela que crê em Jesus, sua fé aparecia o promovia o primeiro "sinal" e contribui a despertar a fé dos discípulos." (Mãe do Redentor – 21)*

Em 2007, quando esteve no Brasil, o papa Bento XVI deixou-nos um pedido, que é também um conselho paternal: "Permanecei na Escola de Maria".

O documento de Aparecida nos proporciona olhar para Maria como o protótipo:

> *"A máxima realização da existência cristã como um viver trinitário de 'filhos no Filho' nos é dada na Virgem Maria que, através de sua fé (Lucas 1, 45) e obediência à vontade de Deus (Lucas 1, 38), assim como por sua constante meditação da Palavra e das ações de Jesus (Lucas 2, 19-51), é a discípula mais perfeita do Senhor. Interlocutora do Pai*

em seu projeto de enviar seu verbo ao mundo para a salvação humana, com sua fé, Maria chega a ser o primeiro membro da comunidade dos crentes em Cristo, e também se faz colaboradora no renascimento espiritual dos discípulos. Sua figura de mulher livre e forte emerge do Evangelho conscientemente orientada para o verdadeiro seguimento de Cristo. Ela viveu completamente toda a peregrinação da fé como mãe de Cristo e depois dos discípulos, sem estar livre da incompreensão e da busca constante do projeto do Pai. Alcançou, dessa forma, o fato de estar ao pé da cruz em comunhão profunda, para entrar plenamente no mistério da Aliança". (Documento de Aparecida, pp. 123-4)

Já há muitos anos, bem no início do pontificado do papa João Paulo ll, em Puebla, México, os bispos da América Latina e do Caribe se referiram a Maria como a "Pedagoga do Evangelho" e afirmaram: "Sem Maria, o Evangelho se desencarna, se desfigura e se transforma em ideologia, em racionalismo espiritualista". As aparições aprovadas pela Igreja são uma prova da missão que Deus deu a Ela de ser nossa educadora e de nos revelar o porquê de nossa existência.

A experiência pessoal que tenho, desde a infância, é que Maria só tem ajudado a me relacionar melhor com Deus e com seu plano de salvação. Ela nunca atrapalhou, muito pelo contrário, o ideal que alimento como qualquer cristão: "Não sou eu quem vivo, mas Cristo que vive em mim" (Gálatas 2, 20).

Ela torna esse ideal sempre mais vivo em mim e me impulsiona a conquistá-lo, dizendo sempre: "Fazei o que Ele vos disser" (João 2, 5).

Minha Mãe da Terra só me ajudou a conhecer melhor meu Pai e a amá-lo e respeitá-lo.

Às vezes, encontramos quem transforme o Evangelho em ideologia, em racionalismo. Está escrito em São Paulo a Timóteo: "só há um mediador entre Deus e os homens: Jesus Cristo; que se entregou como resgate por todos" (I Timóteo 2, 5-6). Por causa dessa afirmação, há quem tenha dificuldade de se colocar diante dela.

Será que Jesus é tão ávido assim por poder e prestígio? Será que aquele coração que entendeu tão bem a oferta da viúva, o gesto de amor da pecadora que lavou seus pés com lágrimas e enxugou-os com os cabelos, que compreendeu a humildade do centurião romano que não se achava digno de receber Jesus em sua casa vai ficar "furioso" com quem, filialmente, pedir que sua Mãe interceda por ele?

Em Caná, Jesus não disse à sua mãe que ficasse fora daquela questão, que não se metesse em seus assuntos, que não fosse mediadora, pois essa era a função dele. Ele também não disse que os noivos deveriam falar diretamente com ele! E quando vieram pedir a Ele pelo servo do centurião, Jesus não disse que não queria mediadores e que o doente deveria vir a ele diretamente!

Se apenas Jesus fosse o mediador, por que será que muitos dos que estavam deitados em macas eram curados quando a sombra – veja bem: a sombra! – de Pedro passava por eles? (Atos 5, 15-16) E por que será que "Deus fazia milagres extraordinários por intermédio de Paulo, de modo que lenços e outros panos que tinham tocado seu corpo eram levados aos enfermos e afastavam-se deles as doenças e retiravam-se os espíritos malignos? (Atos 19, 11-12)

A palavra de Deus mostra, às vezes, Paulo como mediador. Por que Paulo insiste, em suas cartas, pedindo que intercedam por ele? Por que ele mesmo afirma que intercede pelos irmãos das Igrejas? Será que Maria, a mãe de Jesus não pode interceder? Se nós podemos e devemos interceder uns pelos outros, por que Maria não pode? Não estaremos, talvez, levando a palavra de Deus para o campo da ideologia e do racionalismo?

Jesus disse uma vez: "Se tua vista é ocasião de pecado, arranca-a. Se tua mão é ocasião de pecado, corta-a fora!"

Pescadores de corações 125

Onde estão os manetas do Evangelho? Onde estão os caolhos do Evangelho? Onde estão os pernetas?

Ainda não conheci ninguém que levasse tão ao pé da letra uma recomendação de Jesus. Por que, então, colocar obstáculos a uma fé orgânica, a um relacionamento filial e descomplicado com Deus?

Maria é uma criação de Deus, que a escolheu, que "achou graça nela". Isabel chamou-a Mãe do Senhor e a proclamou bendita entre as mulheres, Maria profetizou que "doravante, as gerações a proclamariam bem-aventurada". Quem são os bem-aventurados? São aqueles dos quais Jesus fala em Mateus (5, 3-12). Se Ela é exaltada na palavra de Deus, quem somos nós para não exaltá-la?

Maria não é uma invenção dos padres, nem dos papas, nem da Igreja.

Se fizéssemos um estudo profundo da Bíblia e se pudéssemos conhecer todos os ensinamentos do magistério da Igreja, poderíamos entender muito melhor e muito mais a missão de Maria. Mas, ainda mais valioso que o estudo é o testemunho de séculos e séculos dos grandes homens e mulheres que viveram uma profunda história de amor com essa Mãe Santíssima.

Em toda a história dos santos da Igreja, não encontraremos nenhum que, tendo amado Maria, não tenha vivido totalmente para Cristo, até as últimas consequências. Maria não é o centro – o centro é Cristo, é Deus e a Santíssima Trindade –, mas Ela está no centro porque ali Deus a colocou. Ela é a filha Admirável do Pai, a esposa Admirável do Espírito Santo e a Mãe Admirável do Filho.

Quando me perguntam por que amo tanto Maria, respondo: "Porque Jesus também a ama! E porque ela também me ama. Por minha causa, para a minha salvação e para a salvação de muitos segundo o plano de Deus, ela foi escolhida para ser a mãe do Salvador".

Considero que a imagem dela que ganhei das irmãs, no México, é uma prova do carinho especial que ela tem por mim. Creio que nisso está uma missão especial a qual Ela me confiou, e tenho profunda convicção de que Maria, sob o título de Senhora do Novo Caminho, será realmente uma grande pescadora de corações. A imagem é apenas uma imagem, um sinal, mas sei que por meio dela Deus está falando.

Ele, a causa primeira, está tão acostumado a falar pelas causas segundas. Se foi assim com Noé, a quem disse: "Ponho o meu arco nas nuvens, para que ele seja o sinal da aliança entre mim e a Terra" (Gênesis 9,13), assim pode ser comigo e com qualquer um. Os sinais podem ser diferentes, mas a intenção de Deus é sempre a mesma: fazer uma aliança com seus filhos. É como se Jesus me tivesse falado: "Dar-te-ei a imagem que retrata minha mãe, que ela seja sinal da Aliança entre mim e a Terra".

12

O pescador "vermelho"

Naquela Semana Santa, me pegaram, literalmente, "pra Cristo".

Eu era da Cruzada Eucarística, e dona Lilia, nossa catequista, grande pescadora no reino de Deus, queria que a Semana Santa fosse "mais santa" e promoveu algo diferente. Foi por isso que, naquele domingo de Ramos, eu "entrei solenemente em Jerusalém" montado em um jumentinho.

Durante a Semana, fui o Cristo da Via Sacra ao vivo (as tranças de minha tia Olivia, guardadas com tanto carinho, desde o dia em que vovô permitiu que ela cortasse o cabelo, fizeram minha peruca e barba). Em diversos lugares foram montados palcos nos quais representávamos a estação correspondente. Caí três vezes; meu rosto foi enxugado por Verônica; Maria se encontrou comigo, ou, melhor, com Jesus, pois eu o representava; Cirineu me ajudou a carregar a cruz; e assim por diante.

Na Sexta-feira Santa, fui crucificado. O sangue era massa de tomate. O senhor João Leiteiro, um amigo de meu pai, jurava que eu era uma estátua:

– Ó, Borges, finalmente nosso padre comprou um crucificado que preste!

– Ó, João, aquele é o meu Toninho!

– Não pode ser, Borges. É uma estátua!

– Não é uma estátua, é o Toninho. Olha bem pros olhos dele... Às vezes ele dá uma piscadinha.

Era eu mesmo, e piscava um pouquinho às vezes, para ver se a procissão ainda faltava muito para passar...

> O Cristo do Maracanã eraummendigoquedom Hélder encontrara na rua. Foi um choque!

Mas, voltando ao Domingo de Ramos, claro que foi uma forte emoção, misturada a certo receio, para não dizer pavor, o fato de eu me encontrar vestido de Cristo sobre o jumentinho, principalmente quando o padre inventava de gritar "Viva Jesus Cristo!" e o povo respondia "Viva!" a todo vapor, sacudindo os ramos. Nesses momentos, o pequeno animal levantava as orelhas e eu já me imaginava estatelado no chão ou numa corrida desenfreada, perdendo a peruca, a barba e a postura solene e "divina" que fazia jus ao Filho de Davi. Cada "Hosana" era um susto, mas, graças a Deus, deu tudo certo.

Naquele mesmo domingo assisti pela televisão à celebração de Ramos realizada no Maracanã. Foi um evento muito propagado, e o estádio tão lotado como em dia de jogo de Flamengo *versus* Fluminense. Dom Hélder, bispo auxiliar da Arquidiocese de São Sebastião do Rio de Janeiro, comandava a celebração, e quando anunciavam que Cristo estava chegando, pensei com meus botões: "Agora vamos ver quem é o Cristo mais bonito: eu ou o do Maracanã?".

A surpresa não foi só minha. Acredito que todos se surpreenderam ao ver Cristo entrar e fazer a volta olímpica, sem o jumento, sem o manto azul e sem a veste vermelha. O Cristo do Maracanã era um mendigo que dom Hélder encontrara na rua.

Foi um choque! Mas era mesmo para ser. Aos poucos, o povo foi entendendo o objetivo de dom Hélder. Ele queria acordar o Rio, o Brasil e o mundo. Ele queria que todos levássemos um choque de milhões de volts, para ver se voltávamos às raízes. "O teu senhor vem montado num jumentinho". "Tudo o que fizerdes a um desses pequeninos... Quem acolhe um desses, acolhe a mim". "Meu reino é do outro mundo".

Aquele mendigo de verdade, sem peruca, de barba verdadeira, sujo e maltrapilho era, sem dúvida nenhuma, o Cristo mais belo. E mesmo sendo ainda um adolescente, eu entendi profundamente a lição que aquele bispo cearense, pequeno, magro e de batina preta, quis nos transmitir. Fui pescado por ele e desde então o amei como a um bom mestre.

*

Quando eu estudava em Munster, na Alemanha, dom Hélder esteve na cidade para receber o título de Doutor *honoris causa*. Lembro que ele deu uma palestra na Peterskirche (Igreja de São Pedro), que era a igreja dos universitários, e na

> estes aplausos são para ti, Senhor; eles não o estão vendo; só veem a mim, seu jumentinho.

qual, anos depois, recebi o diaconato – foi maravilhoso. Na ocasião, nós, brasileiros, sentíamos um santo orgulho por ele. Depois de sua pregação, os estudantes latino-americanos cantaram para ele. Quando ele chegou ao salão nobre da universidade, onde recebeu o título, os aplausos eram tantos que parecia que o mundo estava vindo abaixo. Ele parecia envergonhado e inclinava a cabeça, como se estivesse pedindo desculpas. Mas, desculpas de quê? Uma e outra vez eu notava que seus olhos se voltavam para o alto.

Mais tarde, quando li uma entrevista que ele havia concedido a um jornalista, pude compreender:

– O que o senhor sente quando chega e é ovacionado? – o repórter perguntou.

– Ah, meu irmão – ele respondeu –, eu digo a Jesus: "estes aplausos são para ti, Senhor; eles não o estão vendo; só veem a mim, seu jumentinho. Os aplausos são para ti, Senhor!".

Nessa mesma entrevista, ele, cheio de bom humor, relatou que, um dia, a Madre Tereza de Calcutá também lhe perguntou como ele lidava interiormente com a fama e os aplausos, e que a resposta foi a mesma. E que, então, Madre Tereza, sorrindo, disse: "Agora já sei o que vou dizer a Jesus quando me aplaudirem, direi: 'os aplausos são para ti, Senhor, eu sou apenas a burra velha'".

*

Há momentos em que fico pensando em quantos corações esse homem pescou para Deus com sua humildade e seu grito por justiça em favor das minorias abraamicas. Por sua luta a favor da justiça, dos pobres, da não violência, dom Hélder até já foi chamado de "bispo vermelho", de comunista. "Quando ajudo os pobres, sou bonzinho, um santo. Quando falo em nome dos pobres, sou comunista."

*

Já padre, tive a felicidade de concelebrar algumas vezes com ele na casa de sua irmã Nairzinha, no Rio de Janeiro.

Que missas! Que intimidade com Deus! Parecia Moisés falando face a face com o amigo.

Sempre me impressionou seu testemunho de oração. Se alguém quiser ser pescador de corações tem de saber dobrar joelho. Todos os dias esse homem colocava o despertador para acordá-lo às duas da madrugada e ficava rezando até as quatro horas. Então, voltava a dormir e, às seis horas, ia celebrar a missa.

Uma das orações que gostava de fazer, inspirada no cardeal Newman, era:

> *"Senhor Jesus, não Vos escondais dessa maneira dentro de mim! Olhai através de meus olhos! Escutai por meio de meus ouvidos! Falai por intermédio de minha boca! Andai com minhas pernas! Senhor, que minha pobre presença humana possa, ainda que de longe, dar uma ideia de Vossa divina presença!"*

Quando ele completou 80 anos, concelebrei com ele na casa de Nairzinha. Aliás, ele deixava bem claro no início da missa que estávamos concelebrando com Cristo, que o presidente, o celebrante principal, era Jesus. Nessa ocasião, terminada a missa, eu lhe disse:

— Dom Hélder, eu queria cantar ao senhor, pelo seu aniversário, um canto que fiz. Posso?

— Pode, meu irmão!

Ele se sentou no sofá e eu me sentei ao seu lado, peguei o violão e cantei. Quando terminei de cantar, ele pegou meu braço, apertou forte e disse:

— Padre Antonio Maria, reze para que eu seja tudo aquilo que você pensa que eu sou!

Nunca vou me esquecer das vezes em que o visitei em sua humilde casinha, ao lado da igrejinha das Fronteiras. Lembro-me também da solicitude da querida Irmã Catarina, que cuidava dele, do acolhimento solícito de Zezita sua secretária, e de todos os que com ele trabalhavam pela causa dos pobres. Na despedida ela fazia questão de ir até a porta, onde ficava de pé acenando como um pai que se despede do filho que vai à escola: "Vai com Deus! Estuda direitinho!". Eu não ia a escola, mas estava saindo dela. Dom Hélder era a escola, o livro, o professor. Como eu gostaria de ser um bom aluno e de ter aprendido todas as lições!

Quando gravei meu primeiro DVD, o fiz na cidade de Mariana, em Minas Gerais. Eram vários os motivos que me levaram a isso, mas como algumas pessoas me questionavam e até argumentavam que gravar em uma grande capital ia gerar maior repercussão, fiquei em dúvida, e isso começou a atrapalhar meus planos. O que fazer: gravar em São Paulo ou em Mariana? Em meio a essa e outras dúvidas, eu procurava em minha biblioteca um livro de Fernando Pessoa, no qual eu sabia que havia uma poesia que eu queria ler no show. Na procura, que foi infrutífera, dei de cara com um livro de dom Hélder: *Um olhar sobre a cidade*. Pensei que talvez ali encontrasse algo para recitar no show, já que o "Fernando" estava custando a mostrar sua "Pessoa". Então, abri o livro sem planejar e li:

> *"Levo no ouvido o som dos sinos de Mariana, em Minas Gerais:*
> *Gostaria de subir a torre da matriz*
> *Para estudar de perto*
> *Os sinos*
> *E ver, e descobrir*
> *O que dá*
> *A cada um*
> *Seu som inconfundível*
> *E o que dá*
> *Ao conjunto*
> *A impressão harmoniosa*
> *Difícil de esquecer.*
> *A escada é íngreme*
> *E interminável...*
> *Mas terei que subir*
> *– Sou sineiro das almas*
> *E de cada uma*
> *E de todas*
> *Gostaria de arrancar*
> *Os sons mais agradáveis ao Senhor."*

13

O pescador que tremeu e fez tremer

Sua eleição foi uma grande surpresa. Só o fato de ser polonês já era uma grande novidade e suas primeiras palavras ao representar-se com o novo nome e a nova missão já fizeram muita gente tremer: "Se eu errar, vós me corrigireis!".

Um "infalível" teve a coragem de dizer que também erra. Mesmo que se estivesse referindo à língua italiana, que não era a sua, esse foi um gesto de grande humildade de Sua Santidade.

Quando foi escolhido para bispo, a desculpa que deu ao arcebispo foi de que era muito jovem, e a resposta do arcebispo não deixou de ter bom humor: "Esse problema se resolverá com o tempo". Ter sido eleito papa ainda jovem, aos 58 anos, também fez muita gente tremer, pois talvez fosse jovem demais.

Começou por abolir definitivamente a sede gestatória, aquele trono no qual os papas eram carregados nos ombros de homens fortes, que os levavam para as audiências ou celebrações públicas – o papa João XXIII, no seu tempo, só tinha aumentado o salário dos carregadores, pois sabia que, sendo gordinho, pesava mais que seu antecessor, o papa Pio XII.

O papa João Paulo II preferia um encontro mais direto com o povo. Sabia que dava alegria a quem pudesse apertar sua mão, tirar uma foto com ele. Mas isso também fazia muito cardeal da Cúria Romana tremer pela segurança do papa. Houve quem o aconselhasse, e à sua comitiva, a vestir colete a prova de balas sob a batina, especialmente quando em visita a determinados países, mas ele nunca aceitou e dizia: "A Praça de São Pedro é muito mais perigosa". Numa ocasião, ele falou: "Se alguém quiser usar esse colete não precisa me acompanhar nessa viagem; estamos nas mãos de Deus e Ele irá nos proteger".

Muitos tremeram, talvez escandalizados, pelo fato de o papa viajar demais ou de dialogar com representantes de diferentes credos e de ideologias diversas. Também houve quem tremesse porque o papa era esportista e gostava de esquiar. O certo é que João Paulo II foi realmente um grande pescador de corações.Como explicar a multidão de jovens que era atraída por ele e que vibrava com sua presença, sua palavra e seu jeito de ser? O papa era humano, acima de tudo. Não se mascarava, era ele mesmo. Trazia consigo, como parte de sua essência, o amor às pessoas, por isso ele atraia tantos corações no mundo inteiro. Aquilo que dizia era o que acreditava realmente, e não era o desejo de ser reeleito que o levava a fazer o que fazia, mas, sim, o amor. Ele estava disposto a dar tudo e a dar-se todo por sua missão.

*

Deus me presenteou com alguns encontros maravilhosos com esse homem extraordinário. Um mês antes do atentado que ele sofreu, estive em Roma e tive a felicidade de concelebrar com ele, em sua capela privada, a santa missa na companhia de seus dois secretários: padre John Magee, hoje bispo na Irlanda, e padre Estanislau Dziwisz, hoje cardeal na Cracóvia. Durante a oração eucarística, o papa João Paulo II convidou-me para estar ao seu lado no altar enquanto seus secretários concelebravam junto aos bancos laterais. No momento da paz, senti seu calor e carinho de pai num abraço forte e afetuoso. Não me esquecerei jamais de sua prolongada ação de graças, quando sentou-se em sua cátedra, esticou bem as pernas e abriu os braços, repousando-os sobre os da cátedra: parecia um crucificado. De repente, ouvi gemidos: o papa, de olhos fechados, gemia, e gemia mesmo, como quem sente uma dor profunda. Olhando para ele, ali, eu vi Cristo na cruz. Pareceu-me que, naquela hora, ele carregava todas as dores do mundo e pedia por todos os sofredores. Fundiam-se ali o Pontífice e a Ponte, o Alter Christus e o Cristo.

Após a missa, padre Magee levou-me a uma grande sala e disse que o papa viria falar comigo. Minutos depois, lá veio ele, sorrindo e abrindo os braços. Lembrei-me de que quando ele foi eleito, em 1978, fiz um canto em sua homenagem. Naquele momento, eu vivia na carne o que imaginei no canto:

> *Quando teus braços se estendem abraçando,*
> *O nosso mundo, um mundo em busca de alegria,*
> *Tenho a impressão que na brancura desse abraço,*
> *O mundo todo é abraçado por Maria.*

Comecei a falar com ele em alemão, pois tinha estudado na Alemanha e me sentia mais à vontade falando nessa língua do que em italiano, e ele imediatamente me perguntou se eu era de origem alemã. Ao saber que meus pais eram portugueses, ele sorriu ainda mais, bateu no meu ombro e disse, já no nosso idioma: "Então, vamos falar português!".

Ofereci ao papa uma gravação que eu fizera de algumas composições minhas inspiradas em sua encíclica "Rico em misericórdia" e contei-lhe que usava o canto para evangelizar. E o papa olhou-me, fixando bem os meus olhos, depois segurou minha mão e a fita cassete e, sorrindo novamente, agora já sacudindo minha mão, disse: "Canta! Canta! Canta!".

Um dia, em Roma pude cantar para ele, na grande sala Paulo VI, quando tive a graça de participar da celebração do centenário do nascimento do padre José Kentenich.

*

É comovente a história narrada por alguns biógrafos do papa a respeito de um sacerdote americano que vivia como mendigo em Roma, depois de ter sido excomungado por seu bispo por um erro grave que cometera em sua caminhada sacerdotal. Um belo dia, outro sacerdote americano, ao se dirigir para concelebrar com o papa a missa da manhã em sua capela privada, reconheceu seu colega de ordenação em um homem sujo e maltrapilho que estava deitado no chão de uma rua de Roma: "Meu irmão, o que faz aqui desse jeito?".

Ao tomar conhecimento da situação de seu colega, o padre foi falar pessoalmente com o papa após a missa sobre aquele caso tão triste. O papa pediu ao padre que trouxesse aquele sacerdote mendigo para falar com ele. Foi combinada a data, e o amigo do padre-mendigo providenciou-lhe roupas adequadas para a ocasião. Quando se encontraram, o papa dirigiu-se ao sacerdote excomungado, disse-lhe que queria se confessar com ele. Assustado, ele respondeu que fora excomungado, ao que o papa respondeu que, sendo papa, poderia dar um jeito na situação. Então, os dois foram para outra sala e o papa confessou-se e ouviu a confissão do padre-mendigo. Então, os dois se perdoaram mutuamente em nome do Deus das Misericórdias.

Consta que esse sacerdote recebeu do papa o encargo de trabalhar apostolicamente junto aos mendigos de Roma.

Que pesca, hein?!

*

O papa João Paulo II tinha muito bom humor.

Certa ocasião, acompanhei, como secretário, dom Cândido Lorenzo Gonçales, bispo da Diocese de São Raimundo Nonato, no Piauí, a uma visita ao papa. Na hora das fotos oficiais, dom Cândido colocou-se à esquerda do papa e eu, à direita. Antes que Arturo Mari, fotógrafo oficial do papa, batesse a foto, um prelado da cúria, responsável pelo cerimonial, pediu ao bispo que viesse para a direita, pois a direita era o lugar de maior honra e, portanto, do bispo e não meu. Dom Cândido não se importou, mas o prelado insistia: "*A destra Eccellenzia!* À direita, Excelência!". Nesse momento, achei que devia intervir e, pegando no braço de dom Cândido, trouxe-o para o meu lugar e, passando por trás do papa, fui para o que a mim convinha na escala das honrarias. O papa, então, segurou-me pelo braço, puxou-me para junto dele e disse em bom português, rindo muito: "Agora você é da esquerda, esquerdista!".

*

No ano 2000, jubileu do nascimento de Cristo, pude pela última vez encontrar-me com João Paulo II. Emocionava-me vê-lo marcado pela idade e pela doença. Ajoelhado diante dele, carregando em minha mão esquerda a imagem da Mãe Peregrina e na direita uma pequena coroa, pedi ao papa que coroasse comigo naquele ano santo o Menino Jesus. Piedosamente, o papa abençoou a coroa, e no momento em que eu ia colocar a coroa no lugar preparado, na parte superior da moldura de madeira, o papa tomou-a de minha mão, olhou para a imagem, inclinou-se um pouco e, por alguns segundos, segurou a coroa sobre a cabeça do Menino Deus. Depois, devolveu-a a mim sem dizer nada, mas entendi tudo: a coroa devia ficar sobre a cabeça do menino, e assim o fiz mais tarde.

Para mim, e creio que para muita gente, a figura do papa João Paulo II ficará sempre viva na lembrança e no coração. Ele viveu até as últimas consequências seu lema: *Totus tuus*, todo teu.

Pescador cansado, carregando a cruz de uma enfermidade que o limitava fisicamente e o fazia sofrer dores contínuas, esse homem, que fez tremer o mundo e cair os muros, agora tremia, mas não desistiu de pescar corações até o último momento. Quem esquecerá aquela aparição dele na janela de seu apartamento, a última? Ele quis falar, mas a voz não saiu. Com esforço supremo, lançou sua bênção paternal, traçando o sinal da cruz sobre a multidão aglomerada na praça de São Pedro, e voltou para o interior de sua residência. Lá, pegou um papel e escreveu pela última vez: *Totus tuus*. Todo teu, Maria. Todo teu, Jesus. Todo teu, Igreja. Todo teu, humanidade.

14

Os pescadores que pescaram o pai

"Todo aquele que por minha causa deixar irmãos, pai, mãe, mulher, filhos, terras ou casa receberá o cêntuplo e possuirá a vida eterna." (Mateus 19, 29).

Em minha vida, Deus cumpriu à risca essa promessa. Tenho muitos filhos e, como padre, devo na verdade ser pai na fé daqueles que Deus confia ao meu sacerdócio. Dois dias antes de minha ordenação sacerdotal, compus um canto, que mais tarde gravei:

> *Padre quer dizer pai*
> *Pai que tem muitos filhos.*
> *Tanto quanto as estrelas do céu,*
> *Muitos como as areias do mar.*
> *Padre é compartilhar os segredos de Deus,*
> *Canto pois Deus me deu esse bem,*
> *Eu sou padre também!*

No sacerdócio ministerial se realiza também a promessa de Deus a Abraão: "Multiplicarei a tua posteridade como as estrelas do céu, e como a areia na praia do mar"(Gênesis 22, 17).

Há anos venho dedicando de modo particular minha vida, meu sacerdócio e meu amor paterno a crianças carentes, abandonadas e em risco.

Com as irmãs Filhas de Maria Servas dos Pequeninos, fundei a Obra Novo Caminho. Embora nessa associação o nosso trabalho em prol das crianças esteja caminhando, não posso esquecer o quanto aprendi e ainda aprendo com meus filhos. Quantas lições de vida recebi e ainda recebo daqueles pequenos, que também foram e são meus pescadores! Se eu fosse contar aqui todas as pescas de meus filhos, não terminaria tão cedo.

Mas vou contar uma. Certo dia, Romildo, já com 17 anos, chegara de uma festinha promovida pela escola, lá ele tomou uns goles a mais de cerveja e, como não estava acostumado a beber, chegou em casa embriagado. Laércio, por sua vez, sentiu-se incomodado, não sei bem porque, e a briga começou. Tudo lhes servia de material bélico, até as caixas de som que tinham no quarto. Por sorte, o restante da família dormia tranquilamente. Entrei no quarto e pedi ao Laércio que fosse para meu quarto e me esperasse lá para conversarmos um pouco, enquanto eu cuidava do Romildo, que não se aguentava em pé. Nosso jovem movido a álcool dizia: "Eu cato ele, pai! Eu cato ele!", e cerrava os punhos. "Você não vai catar ninguém", eu disse a ele; "você vai tomar um banho e dormir".

> Mãezinha do céu, eu não sei rezar; eu só sei dizer que eu quero te amar...

Não se contentando por não poder mostrar a força de seu braço, o "boxeador", mesmo tropeçando nas próprias pernas, avançou para "catar" o companheiro de quarto. Nessa tentativa, ele me empurrou, e eu, desequilibrando-me, cai sobre a cama. Aí, não pensei duas vezes. Tinha de agir ligeiro, porque, se os dois se pegassem, a coisa podia ficar feia. Sem refletir, levado pelo impulso, dei um tapa bem dado no rosto do Romildo, e ambos ficamos paralisados. Eu não esperava uma reação assim de minha parte, tampouco Romildo, que arregalou os olhos e ficou olhando para mim.

Durante alguns segundos ficamos daquele jeito, um olhando para o outro, quando ele interrompeu o silêncio e disse com voz lenta, meio gaguejando, porém com firmeza: "Bate do outro lado, pai; bate do outro lado!". Ele, literalmente, oferecia a outra face. "Não, filho! E lhe peço desculpa pelo meu descontrole." E ele insistia: "Bate, pai, eu mereço!". Respondi-lhe que não bateria, e que agira daquele modo porque pensei que ele tinha faltado com o respeito para comigo, e ele disse que isso jamais iria acontecer. Então, eu lhe disse que era hora de ir dormir. Peguei um calção e uma camiseta em seu armário, ajudei-o no banho, para que não caísse no banheiro, e em poucos minutos ele já estava deitado. Mas continuava com o punho direito fechado e murmurando baixinho: "Eu cato ele, pai!".

Insisti para que ele dormisse e comecei a cantarolar baixinho: "Mãezinha do céu, eu não sei rezar; eu só sei dizer que eu quero te amar... Azul é teu manto e branco é teu véu, Mãezinha eu quero te ver lá no céu".

Os olhos daquele "marinheiro de primeira viagem" no mar da bebedeira foram se fechando e seus dedos da mão direita, se abrindo.

No dia seguinte, quando entrei no refeitório para ver se estava tudo preparado para o café das crianças, encontrei-o lá: "Pai, pai, eu ia falar com o senhor. Olha, esquece o que ontem aconteceu, tá? Já procurei o Laércio, fizemos as pazes e está tudo bem...". Manifestei meu contentamento com a situação, nos abraçamos e eu o abençoei. E, do fundo do coração, pensei na lição que esse filho me dera. Que pesca exercera em meu coração! Mesmo sem consciência, ele não deu vazão ao sentimento de vingança. É o que Jesus quis mesmo falar quando disse: "Se alguém te bater na face direita, oferece-lhe também a outra" (Mateus 5, 39); ele quis dizer que não deve ter lugar para nenhum sentimento de vingança nem para mágoas armazenadas, que azedam a vida.

Romildo deu-me também uma lição de humildade. Reconheceu seu erro, tomou a iniciativa de pedir perdão ao seu irmão, e assim promoveu a paz. Bem-aventurado, Romildo, que por ter promovido a paz, será chamado filho de Deus (Mateus 5, 9).

*

Um dia chegou ao orfanato um menino de 3 anos, mais ou menos. Vamos chamá-lo de Régis.

Régis era um menino novinho, com pose de gente grande e com um palavreado de assustar – parecia ter engolido um dicionário de palavrões. Xingava todo mundo – a mim, ele chamava de "padre velho!". Na boca dele, essa ofensa soava como um doce elogio, pois os outros adjetivos que costumava usar não posso repetir. Régis ameaçava a todos, dizendo: "Vou te levar pra delegacia".

Quando eu chamava a atenção dele por qualquer falha, ele me olhava faiscando ódio e dizia: "Padre velho, vou te levar pra delegacia".

Determinei-me a conquistá-lo pelo amor, assim como para pegar uma mosca não adianta usar um barril de vinagre, mas basta uma gota de mel! Eu sabia que para pescar aquele peixinho a isca tinha que ser de fato especial.

Um dia, eu lhe disse: "Régis, quer fazer um passeio comigo?". Ele me olhou desconfiado, como quem diz: "O que será que esse padre velho vai inventar agora?".

"Expliquei-lhe que ia a Extrema visitar as freiras que moram lá; que era um lugar bonito, onde as crianças iam de férias, que tinha uma piscina bem bonita... Ele, começando a se interessar, quis saber se era longe e se íamos de carro. Quando confirmei que iríamos de carro, ele concordou. Então, telefonei para as Irmãs avisando que levaria comigo um menino, disse que era meio brabinho, mas que elas não ligassem muito caso tivessem que ouvir algumas palavras não tão "católicas".

Lá fomos Régis e eu.

Ao entrar no carro, ele quis sentar-se no banco da frente, e eu lhe disse que não podia. Ele insistiu e eu lhe disse que a polícia rodoviária não ia gostar, porque criança tem de ir no banco de trás. Então, ele quis saber se a polícia rodoviária era a mesma da delegacia, e eu expliquei-lhe que a polícia rodoviária era a que trabalhava nas estradas, para que os carros andassem direitinho e não houvesse acidentes, e ele se aquietou.

Quilômetros adiante, parei no posto para abastecer, comprei-lhe um pacotinho de biscoitos recheados e ele se animou a conversar de novo: "Padre, seu carro parece o carro da polícia. É grande e dá pra levar muita gente pra delegacia". Então, perguntei-lhe se conhecia a delegacia, e ele: "Conheço, claro! Quando minha mãe e meu pai brigavam de bater um no outro, a polícia levava pra delegacia".

Fui imaginando os dramas que aquele menino já teria vivido. Sua brabeza, sua raiva e seus palavrões eram consequências de uma vida vivida tragicamente.

Em Extrema, as irmãs foram muito carinhosas com ele. E à tarde, quando voltamos para casa, ele me perguntou se eu o levaria de novo para passear na casa daquelas irmãs, o que confirmei, claro.

Aos poucos, Régis foi se acostumando à nova vida, perdendo aquele jeito agressivo e tornou-se até um menino carinhoso. Afeiçoou-se muito a uma irmã, a qual chamava de mãe, e não demorou muito para eu deixar de ser o "padre velho" para me tornar "pai".

Um dia ele me pediu balas, e eu dei. Pouco tempo depois, voltou a pedir. Respondi-lhe que eu não tinha uma fábrica de balas e continuei andando pelo corredor. Então, ele veio atrás

Pescadores de corações   145

de mim, cantando a sua versão de um canto que entoávamos para Nossa Senhora:

Padre Antonio Maria do céu
Eu não sei rezar
Eu só sei dizer que eu quero te amar...

Esperto como era, ele sabia que eu ia me derreter todo. Ganhou balas, naturalmente!

*

Um dia fomos a Extrema, e levei também outros meninos. Íamos passar a noite lá e ele pediu para dormir com a irmã a quem chamava de mãe. No quarto, quando a irmã estava tirando o véu para se deitar, ele olhou para ela e disse com ar de reprovação: "O véu, não mãe. Não tira o véu não, a mãezinha do céu não gosta". Resultado: a irmã teve de ficar com o véu até ele adormecer. Na manhã seguinte, celebrei para as irmãs. Ele ficou dormindo. Perto da Consagração, ele apareceu no mezanino, no primeiro andar, que dá para a capela: "Pai, pai, eu quero ir aí!".

Pedi a uma irmã que o buscasse e esperei os dois chegarem para começar a rezar a fórmula da consagração. A irmã ficou com ele sentada no colo e eu recomecei. Mal comecei a rezar, e ele: "Pai, pai, eu quero ficar no seu colo".

Disse-lhe que naquele momento era impossível, mas ele insistia em querer ficar onde eu estava. Aí, para não complicar ainda mais a situação, concordei: "Vem!". E ele: "Quero ficar no colo...". Segurei-o com o braço esquerdo enquanto, com a mão direita, peguei a hóstia e rezei: "Ele tomou o pão em suas mãos, deu graças e o deu a seus discípulos...".

Com ele no colo, consagrei também o vinho, e por meu corpo perpassava uma emoção muito grande. Eu não continha as lágrimas; foi uma das consagrações mais emocionantes que pude viver. Aquele menino era como o mundo em meus braços... Eu sentia como se estivesse carregando todas as crianças carentes, a quem Jesus tanto amava e ama. Lembrei-me de que Jesus, um dia, indignado com seus apóstolos que achavam que as crianças O atrapalhavam, disse: "Deixai vir a mim essas criancinhas e não as impeçais" (Mateus 19, 14).

Pensei muito no que Deus me queria dizer com aquela situação inusitada. Muitos podem chamá-la de abuso litúrgico, de desrespeito aos cânones, mas, para mim, foi um momento indescritível. Depois, Deus me fez recordar que, como sacerdote, preciso realmente levar comigo ao altar, *in persona Christi*, aqueles por quem Deus me fez sacerdote.

> *"Em verdade, todo pontífice é escolhido entre os homens e constituído a favor dos homens como mediador nas coisas que dizem respeito a Deus, para oferecer dom e sacrifícios pelos pecados. Sabe compadecer-se dos que estão na ignorância e no erro, porque também ele está cercado de fraquezas. Por isso, ele deve oferecer sacrifícios tanto pelos próprios pecados, quanto pelos pecados do povo" (Hebreus 5, 1-3).*

Enquanto Régis estava em meu braço, eu estava no braço de Jesus. Mesmo investido da dignidade sacerdotal, também sou um menino cercado de fraqueza. Ali, no altar, Régis e eu éramos dois ofertantes ao Pai do sacrifício de Cristo, por nossos pecados. Os meus próprios, os do Régis e os do povo.

Como agradeço a Deus ter me abdicado, naquela manhã, de algumas rubricas litúrgicas. Para mim, Régis foi e será sempre uma prova evidente, concreta e duradoura de que só podemos transformar a face da Terra com amor.

*

Entre meus filhos de coração, tenho três especiais, aqueles que, segundo os critérios de alguns, são um peso. Mas quantas e quantas vezes eles me pescam com atitudes simples, mas carregadas de amor?!

No último carnaval (2011) eu queria assistir ao desfile da Escola de samba Beija-flor. Não poderia perder a homenagem ao meu irmãozinho Roberto Carlos, mas o desfile seria de madrugada, por volta das 5h30, e eu manifestei essa preocupação durante o almoço. Aquele dia seria um dia cheio de afazeres, que me deixariam muito cansado e, de fato, não tive forças para resistir ao cansaço e ao sono.

Era mais ou menos meia-noite quando me despedi de meus filhos, abençoando-os: "Filhos, vou dormir. Não aguento mais, o Roberto que me perdoe... Depois vejo uma gravação". Eles me pediram a bênção, disseram que também estavam indo para a cama e, pelo menos eu imaginei, estávamos todos indo dormir. Caí na cama e, deitado mesmo, fiz a oração que vovó me ensinou e adormeci.

Às 5h30 em ponto o Gerson bateu na porta do meu quarto: "Pai, pai, a Beija-flor já está começando!". Ao acordar, perguntei-lhe como é que ele tinha conseguido acordar na hora certa, e ele me disse simplesmente que nem tinha ido dormir, que tinha ficado "bem acordado" para me chamar, porque eu não podia perder a festa do Roberto.

15

O pescador do Juazeiro

Ontem, dia 30 de agosto de 2011, participei com o clero e o povo da Diocese de Nazaré, Pernambuco, da festividade da dedicação da Catedral. E hoje pela manhã, tomando café com dom Severino, meu bispo, contei-lhe deste livro "Pescadores de Corações". Ele aconselhou-me: "Veja se escreve um capítulo sobre o padre Cícero do Juazeiro. Ele foi e continua sendo um grande pescador de corações."

No início do mês de agosto o clero de Nazaré, com dom Severino, fez uma peregrinação ao Juazeiro. Foi um encontro lindo! Para alguns até surpreendente, com relação à figura do "Padim".

Às vezes, criamos uma imagem de uma pessoa por aquilo que aqui e ali ouvimos, às vezes até sem fundamento e longe da verdade, e instalamos em nós essa imagem que pode ser bem distorcida, bem caricaturizada, mitologizada. Com relação ao padre Cícero do Juazeiro criou-se muitas crendices, muito folclore, preconceitos e pré-juízos. É pena, é mesmo um prejuízo, não deixar-se inundar por este homem tão venerado e amado pelo povo que vive "nesse vale de lágrimas" e que já fez santo o patriarca do vale do Cariri. Muitos irmãos meus no sacerdócio e irmãs e irmãos em outras esferas, pecam por pré-julgar, pré--conceituar este pescador de milhões de corações.

Aceitando, com muita alegria, a sugestão de dom Severino, aqui estou, escrevendo alguns pensamentos sobre padre Cícero Romão. Encontro-me em Itambé, convidado por meus irmãos no sacerdócio padre Vanduy e padre Sérgio, para participar das festividades da padroeira desta terra: Nossa Senhora do Desterro. Coincidência, ou não, começo aqui a escrever sobre um homem que também foi desterrado. Foi desterrado do que tinha de mais caro: seu ministério sacerdotal. Para "alegria do povo e felicidade geral da nação", na apresentação de seu livro "Padre Cícero do Juazeiro", José Comblin fala de uma mudança da visão da Igreja a respeito do padre Cícero Romão.

> *"Os últimos arcebispos de Fortaleza, desde dom Delgado, mostraram-se bem mais tolerantes, inclusive simpáticos, como o cardeal dom Aloísio Lorscheider. Mas a grande mudança veio com a chegada do atual bispo do Crato, dom Fernando Pânico, em 2001. Dom Fernando atribui à intercessão de padre Cícero a cura de um câncer que parecia incurável. Dom Fernando tornou-se o grande defensor de padre Cícero e introduziu em Roma o processo de reabilitação do padrinho do Nordeste." (Padre Cícero do Juazeiro – Editora Paulus)*

Não conheci padre Cícero, nasci 11 anos depois de sua morte, que se deu a 20 de julho de 1934, mas pude conhecer no Juazeiro pessoas que não só o conheceram, mas que com ele conviveram. Todas elas atestaram as virtudes, a santidade, do Padrinho Cícero.

Quando fui ao Juazeiro pela primeira vez, a convite do Apostolado da Mãe Peregrina, isso há quase 25 anos, levava no meu coração o anseio de um "encontro" com o padre Cícero. Agradeço a Deus ter conhecido lá o querido e saudoso padre Murilo, com quem pude conversar à respeito do patriarca todas as vezes que por lá andei, e foram muitas.

O padre Murilo fez-me conhecer melhor o padre Cícero e assim acimentou em meu coração a ideia que eu tinha do velho patriarca. Para meu gosto pessoal ele passou a ser ainda mais um homem de Deus, um sacerdote santo. Na primeira visita ao Juazeiro percorri com devoção e curiosidade os lugares marcados pela presença dele.

Visitando a casa que pertenceu a ele e onde passou mais tempo vivendo, transformada numa casa que abrigava velhinhos e romeiros, chamou-me a atenção uma velhinha sentada na cama, com o terço na mão esquerda e um espelho na mão direita. Os dedos deslizavam sobre as contas, seus lábios se moviam. Ela rezava, com certeza. De vez em quando parava de rezar e olhava-se no espelho. Era como um ritual, uma liturgia inusitada.

Aquela cena falou-me no coração e eu descobri nela uma mensagem. Pensei: parece que essa velhinha cada vez que se olha ao espelho está querendo ver o quanto se assemelha à Maria. É fantasia demais, poderia dizer alguém. Que seja! Mas essa minha fantasia levou-me a pensar: quantas almas, quantos corações, por meio do sacerdócio, do zelo apostólico, dos conselhos e admoestações e caridade do padre Cícero, não se tornaram verdadeiramente outras figuras? Não se assemelharam mais à Virgem Mãe. Lembrei-me logo de uma oração à Maria feita pelo padre José Kentenich, no campo de concentração. "Torna-nos semelhantes a tua imagem, como tu, passemos pela vida: fortes e dignos, simples e bondosos, espargindo amor, paz e alegria. Em nós percorre o nosso tempo, preparando-o para Cristo."

Com certeza, padre Cícero, do seu jeito, tornou viva para muita gente a pessoa de Maria. Quantas vezes ele, tão filial e devoto frente à Ela, não terá sido inspiração, espelho mesmo, para muitos?

Numa de minhas idas ao Juazeiro, um irmão sacerdote emprestou-me um livro: eram as cartas do padre Cícero. Mergulhei de cabeça na leitura daquele livro.

As cartas são como um retrato da alma de quem as escreve. Ali bebi água pura e senti o sabor da alma de um homem marcado pela presença de Deus.

Quando foi ordenado sacerdote, com 26 anos de idade, em 30 de novembro de 1870, até pensou em ser missionário na China, mas tendo a mãe viúva e suas duas irmãs, mudou de ideia. Foi ao Juazeiro em 11 de abril de 1872, para atender confissões e pregar.

Quem imaginaria que aí era a terra para a qual Deus o chamava, como à Abraão: "Vai para a terra que eu te mostrar" (Gênesis 12, 1). Esse padre, apenas com dois anos de sacerdócio, era chamado a ser pai de um grande povo. O pai da fé, como Abraão, para numerosos filhos. Essa ida ao Juazeiro parecia-lhe apenas uma atividade do seu ministério sacerdotal. Precisaram dele. Ele foi: "Aí não pensava ficar. Juazeiro era um lugarzinho nada especial. Só 32 casas e uma capelinha em honra da Senhora das Dores e uma escolinha. Ele sonhava mesmo ser professor no seminário em Fortaleza, mas um outro sonho, sonho mesmo, mostrou a padre Cícero que seus pensamentos não eram os pensamentos de Deus.

Cansado pelas confissões dos homens dormiu profundamente e sonhou. Padre Comblin narra em seu livro: No sonho padre Cícero viu o Sagrado Coração de Jesus rodeado pelos doze apóstolos entrando na sala em que ele mesmo, padre Cícero, estava dormindo. Quando Jesus aa começar a falar aos apóstolos, entrou de repente uma multidão de retirantes: Era um cortejo de adultos e crianças famintos, fatigados, tocados pela seca, e que pareciam ter saído dos piores tempos de seca dos sertões. Então Jesus dirigiu a palavra aos retirantes. Falou da ruindade do mundo e das inúmeras ofensas que os pecadores fazem ao seu Sacratíssimo Coração. Prometeu fazer um último esforço para converter o mundo tão miserável, mas anunciou que se este não respondesse ao apelo, seu fim viria

152 Padre Antonio Maria

certamente. Nesse momento, Jesus voltou-se para padre Cícero e ordenou: "E você, padre Cícero, tome conta deles."

Deus valeu-se desse sonho, como já o tinha feito na história da salvação a muitos escolhidos seus, para dizer ao padre Cícero que o escolhera para uma missão especial.

Fixou-se em Juazeiro. Sua mãe e suas irmãs vieram para ficar com ele e uma moça de nome Terezinha, a Terezinha do padre. Padre Cícero passou aí uns 17 anos mais ou menos na penumbra. Vivendo pobre, não recebia espórtulas pelos sacramentos que ministrava. Vivia das esmolas que recebia. Visitava os sítios, a pé, orientava o povo, pregava, rezava novenas e terços, celebrava missa e, diante de sua casa, a noitinha reunia o povo para orientar aquela gente.

As bebedeiras acabaram, as danças também, e amansou os homens que gostavam de bater nas mulheres. O povo, antes abandonado e por isso desviado do caminho certo, teve nele também um novo Moisés. Encaminhou aquela gente à terra prometida.

Padre Cícero reuniu em torno de si um grupo de moças que se dedicavam mais a uma vida de piedade, de oração. Era mais ou menos como uma comunidade religiosa. Elas eram chamadas "beatas". Uma delas era a beata Maria Araujo.

> Ao receber a comunhão das mãos do padre Cícero, a hóstia transformou-se em sangue.

Com ela, aconteceu algo que levou padre Cícero por um caminho de cruz e de crucificação. Seu calvário. Esse caminho levou-o a ser visto particularmente pelo clero, como um padre rebelde, sem uso de ordens, excomungado. Com o processo de reabilitação atualmente em curso na Cúria romana, seu caminho de cruz está se transformando num caminho de ressurreição.

Para o povo, as sentenças eclesiásticas não significaram nada. Padre Cícero continuou e continua sendo o santo do Juazeiro, o grande intercessor, o padrinho de todos.

Pescadores de corações 153

O que aconteceu com a beata Maria Araujo?

Um dia ao receber a comunhão das mãos do padre Cícero, a hóstia transformou-se em sangue.

O povo sofria muito pela seca. Rezava-se muito, faziam vigílias pedindo chuva. Durante a noite houve uma vigília noturna. Naquele tempo para a comunhão a pessoa devia ficar em jejum da meia noite até a hora da comunhão. Para que as beatas pudessem tomar café, padre Cícero deu a elas a comunhão. Depois celebraria a missa. Quando Maria Araujo recebeu a hóstia consagrada esta caiu de sua boca. A hóstia estava manchada de sangue.

Na quaresma voltou a acontecer o fenômeno todas as quartas e sextas feiras. Depois ainda aconteceu 47 vezes. Padre Cícero e aqueles que presenciaram o ocorrido, acreditavam profundamente que aquilo era um milagre. O sangue que manchava a hóstia e os panos sobre os quais eram colocadas, era para o padre Cícero o sangue de Cristo. Não foi preciso muito tempo para que a notícia criasse asas. As romarias cresciam dia a dia para ver o milagre. Todos acreditavam que aquele sangue era o sangue de Jesus. O bispo do Ceará dom Joaquim só ficou sabendo desses acontecimentos 8 meses depois. Ficou um tanto que irritado, pois padre Cícero não lhe tinha comunicado nada. Só proibiu que não se falasse em milagre.

Em 1891, dom Joaquim, ao ler um artigo no jornal de Fortaleza, "O cearense", onde doutor Marcos Rodrigues de Madeira, médico do Crato, afirmou que se tratava de um milagre, a transformação da hóstia em sangue, não ficou nada contente.

Pediu a dois padres, os mais letrados da diocese que fizessem um estudo sério aos fatos do Juazeiro. Durante um mês o padre Glycério da Costa Lobo e o padre Francisco Ferreira Antero, doutor em teologia pesquisaram, profundamente. Interrogavam pessoas, padres, beatas e civis destacáveis na sociedade. Eles mesmo puderam assistir várias vezes o "milagre". A conclusão foi: É de origem divina, o fato da hóstia virar sangue.

No dia 5 de agosto de 1892 um decreto de dom Joaquim surpreendia o padre Cícero. Ele não podia mais pregar, confessar e orientar os seus fiéis. Celebrar missa ainda podia. Dom Joaquim levou o caso à Santa Sé, ao Santo Ofício.

Ao mesmo tempo os que estavam com o padre Cícero apelavam também à Roma por justiça e mostravam seu descontentamento com a decisão do bispo.

Em 1893, o bispo proibiu qualquer ato religioso na capela do Juazeiro. Era agora uma espécie de excomunhão do povo. Essas atitudes de dom Joaquim ditados, talvez, com a melhor das boas vontades e zelo paternal pelo rebanho levaram a uma maior revolta descontentamento, frente ao bispo.

A Santa Sé, em 31 de julho tornou público o seu veredicto. Reprovou todos os supostos milagres como "gravíssimo e detestável", irreverência e ímpio abuso à Santíssima Eucaristia.

Novas ordens vieram do bispo: As romarias tinham que acabar.

O que se havia escrito sobre tais milagres, fotografias, medalhas, deviam ir para o fogo.

Seriam suspensos de ordem os padres que falassem desses acontecimentos. Os leigos não poderiam receber os sacramentos se defendessem os fatos. Maria de Araujo teve que ir para Barbalha. Toda esmola que padre Cícero tivesse recebido por causa dos "milagres", deveria restituir. Nesse emaranhado confuso crescia a distância entre a hierarquia da Igreja e padre Cícero.

Em 1896, padre Cícero foi proibido de celebrar missa. Foi pedido a ele que deixasse o Juazeiro.

Para coroar com mais espinhos ainda o "rei" do Juazeiro, em 1916, padre Cícero foi excomungado.

Numa carta a um amigo padre Cícero desabafa "O demônio os ilude e faz com que achem que perseguir a salvação dos habitantes de Juazeiro, ter-lhe ódio, desejar-lhe o mal, até a perdição eterna, é coisa boa e zelo santo de santos pastores. Os que perseguiram Jesus Cristo e a seus discípulos também fizeram assim, se julgando zelosos e santos."

Padre Cícero doou-se totalmente aquele povo. Importava-se com a salvação dos outros e, como ele mesmo disse, não se importava consigo mesmo. No fundo do seu coração não se importava com ser condenado, contando que as almas fossem salvas.

Padre Cícero foi a Roma 1898 e lá permaneceu 8 meses. Quis pessoalmente apresentar ao Santo Ofício a sua defesa e provar sua submissão.

Numa carta pessoal ao papa diz:

"Santo Padre, vim prostrar-me aos pés de Vossa Santidade, não só por mim, mas pela população oprimida no que há de mais santo: a salvação de suas almas. Por bondade e misericórdia de Deus, nascemos no seio da Igreja, somos e seremos sempre seus filhos obedientes e submissos com Deus, mesmo que tenhamos a felicidade de darmos por ela a vida. Vim aos pés de Vossa Santidade protestar a minha obediência e implorar a restituição de minha ordem, e permissão de voltar para Juazeiro para onde não posso deixar de ir, pela extrema necessidade de cuidar dos meus, e de tantos outros, a quem por direito humano e divino sou obrigado."

O papa Leão XIII recebeu-o em brevíssima audiência. Os decretos foram mantidos pelo Santo Oficio. Em Roma podia celebrar missa e no Ceará iria depender do seu bispo.

Voltou ao Juazeiro no dia 4 de dezembro de 1898, mas o bispo não lhe permitiu celebrar missa. No entanto o movimento de romeiros crescia sempre mais e a cidade também. Em 1898, a população passou de dois mil a cinco mil habitantes. Em 1905, já eram doze mil e, em 1909, quinze mil. Quanto mais sofria por parte da Igreja mais o povo o amava. Como ele mesmo afirma, aos 67 anos de idade, forçado pelas circunstâncias e a contra-gosto entrou na política. Foi prefeito de Juazeiro. Por 20 anos foi a figura política mais importante do Cariri e um dos mais influentes no estado do Ceará.

Padre Cícero foi, na verdade, um grande pescador de corações, porque teve um grande e amoroso coração, especialmente amou os pobres. Deu sua vida por eles. E muito fez para promovê-los. Fazia tudo para que eles saíssem da condição de miséria e muitas vezes de escravidão. Deu passos concretos para que o Cariri se tornasse o celeiro do Ceará. Deu oportunidade para que muitos aprendessem um ofício. Abriu escolas. Dizia que cada casa devia ser um santuário, uma oficina e cada quintal uma horta.

Esse pescador de corações é um exemplo forte de humildade e de verdadeiro amor à Igreja.

Deus permita que sua reabilitação aconteça o quanto antes e assim se possa abrir o processo de beatificação e canonização deste grande homem. E quando a Igreja der esse passo, só estará confirmando o que o povo há muito já fez.

Presto aqui minha homenagem ao querido padre Cícero transcrevendo uns versinhos que escrevi quando estive pela última vez no Juazeiro:

Sou romeiro

Sou romeiro, sou romeiro
Romeiro de coração ,
Romeiro de meu "Padim"
Padre Cícero Romão

Sou romeiro, e como ele
Quero a Jesus amar.
Quero amar a cada irmão,
Para um dia o céu ganhar.

Sou romeiro e vim buscar
Esperança, fé e amor.

Minha escola é o Juazeiro,
Meu Padim, o professor.

Sou romeiro e sou feliz
Canto com fé os louvores
De Jesus, de meu Padim,
E da Senhora das Dores.

Sou romeiro e vim pedir,
Poderosa intercessão
Padre Cícero me ajude
Quero ser melhor cristão.

Não importa de onde venho
Nem a minha condição.
Só importa a minha fé,
Traduzida na ação.

16

O pescador que foi aprendendo a pescar

Quando fui ordenado sacerdote, eu já sabia que trabalharia em Portugal. Depois de celebrar várias primícias e de passar uns dias com minha família no Rio de Janeiro, fui para Portugal. Em Lisboa, esperavam-me os padres Miguel e Jaime Salazar, um padre chileno que também estava trabalhando em Portugal. Receberam-me com muito carinho, e padre Jaime foi logo perguntando: "Antonio, você viu o arco-íris no céu enquanto o avião descia?". Respondi-lhe que não o vira, e ele completou: "Pois foi... um lindo arco-íris te dava as boas vindas. É um sinal da Aliança de Amor, sinal das bênçãos de Deus".

Como eu não vira arco-íris nenhum, mas um querido irmão me assegurava que tinha havido tal sinal de Deus, acreditei.

No avião, eu havia rezado quando este ia "aterrando", como se diz em Portugal, e perguntado a Deus se aquela minha ida a Portugal era mesmo plano dele. Na verdade, eu dera meu sim aos superiores, mas custava-me um pouco voltar à Europa depois de ter vivido oito anos na Alemanha. Meu sonho era trabalhar na minha terra, mas a obediência precisava ser vivida na prática e não ser apenas uma linda palavra pronunciada no momento das promessas solenes. Ainda no avião eu me coloquei mais uma vez à disposição de Deus e me entreguei à sua vontade, mas seria aquilo mesmo o que Ele queria?

Almoçamos no apartamento de Margarida, irmã de padre Miguel, e depois do almoço ele levou-me de carro a Gafanha da Nazaré, diocese de Aveiro, onde era pároco. Lá seria meu primeiro campo de trabalho. Saindo de Lisboa, o "pneumático" (pneu) furou e tivemos de parar para trocá-lo. Naquele momento começou a chuviscar e, de repente, surgiu um belo arco-íris no céu. Agora parecia ser realmente só para mim. Que delicadeza de Deus para comigo!

Em Gafanha da Nazaré formamos uma pequena comunidade sacerdotal: padre Miguel, padre Marcial Parada e eu. E, às vezes, nos fins de semana, padre Lobo também vinha estar conosco. Foi um tempo abençoado aqueles quatro anos que lá passei. Foi minha primeira escola de pastoral e, hoje, agradeço a Deus por ter me dado aquele tempo tão maravilhoso. Era uma paróquia à beira-mar, e tudo indicava que Deus queria realmente que alí eu tivesse minhas primeiras aulas, meus primeiros cursos de pesca de corações.

*

Num domingo, no mês de maio, fui celebrar a missa dominical na matriz.

A igreja estava maravilhosamente enfeitada, a imagem de Nossa Senhora de Fátima havia recebido um trono todo especial, e as pessoas cantavam um canto que dizia: "Enquanto houver portugueses, tu serás o seu amor". Só então me dei conta que aquele domingo era o primeiro domingo de maio e que este mês era muito especial para os portugueses, tão marianos.

Mas eu não havia preparado uma homilia solene sobre Maria! Que fazer? Então, pensei: "E se eu cantasse para Nossa Senhora e falasse algo sobre o canto?". Não tinha certeza de como o povo aceitaria a novidade, mas precisava ousar.

Pedi ao sacristão que fosse à casa paroquial, que entrasse em meu quarto e me trouxesse o violão.

Na hora da homilia, expliquei que faria uma pregação diferente em homenagem à Mãe do Céu, e cantei... Foi um silêncio profundo. Depois de cantar, expliquei a letra. Silêncio. No final da missa, nenhum comentário sobre a novidade. Resultado: voltei para casa sem saber se havia agradado ou não.

No dia seguinte, encontrei-me com uma senhora na rua e ela foi logo perguntando: "Ó, senhor padre, domingo que vem o senhor vai cantar de novo?".

"Não, minha filha", respondi. "Aquilo foi só para homenagear a Mãe do céu."

"Ah, senhor padre, cante outra vez! Cante! Eu falei a meu marido que está cá um padre brasileiro que canta na missa e ele, que já há muito tempo não vai à missa, disse-me que domingo irá para ver o tal padre, por isso eu lhe peço: cante, senhor padre, cante!".

Na missa do domingo seguinte voltei a cantar, e vi que a mensagem era bem recebida. Então, comecei a compor canções que falassem da temática da liturgia que era celebrada e foi um sucesso. Claro que não cantava todos os domingos, mas o fiz muitas vezes e a pesca foi boa! Aquele homem que foi a missa só por curiosidade foi fisgado: voltou à igreja e tornou-se um querido amigo meu.

Depois de ter aprendido algumas técnicas de pescaria em Gafanha, voltei ao Brasil para continuar aprendendo. A propósito, vou contar aqui um acontecimento lindo, que muito me ensinou.

Eu me dirigia ao escritório da Caná Promoções, para uma pequena reunião com o Orlando, e, como "acontece nas melhores famílias", discordamos de alguns pontos de vista e acabamos discutindo. Os ânimos se exaltaram e achamos melhor cortar a conversa antes que as coisas piorassem.

Saí do escritório chateado; voltava para casa de retiros, onde estava morando, quando, do outro lado da rua, alguém gritou: "Padre Antonio Maria, padre Antonio Maria, me ajude!!!". Essa pessoa atravessou correndo a rua e, literalmente, caiu nos meus braços, chorando convulsivamente.

"Calma, filho, vamos conversar...", eu disse. "O que está acontecendo?", perguntei.

"Padre, vou me matar, não tenho mais coragem para viver. A vida perdeu o sentido para mim..."

Levei-o para a casa de retiro e, de fato, conversamos muito. Ele havia vivido uma decepção amorosa muito grande, e procurei fazer com que entendesse que todos nós somos passíveis de erro. O que aconteceu com a outra pessoa poderia ter acontecido com ele, pois ninguém pode dizer "dessa água não beberei". Disse-lhe que era bom lembrar-se do que São Paulo dissera aos romanos: "Não te desculpes, ó homem, quem quer que sejas, que te arvoras em juiz. Naquilo que julgas a outrem a ti mesmo te condenas, pois tu, que julgas, fazes as mesmas coisas que eles" (Romanos 2, 1). Insisti em dizer-lhe que sua vida era muito preciosa para terminar assim, sem sentido. "No fundo, no fundo, você está sendo covarde; não tem coragem de enfrentar a situação de frente. O que é isso, meu irmão?", concluí.

Perguntei-lhe se já tinha pensado em quanto estava sendo egoísta, se tinha pensado em como se sentiriam as pessoas que o amavam, em como sua mãe receberia a notícia de que seu filho tinha se matado. "Sua mãe deve ter passado por momentos difíceis também, mas ela não se matou. E seu pai? Certamente, ele também enfrentou dificuldades e não tirou a própria vida."

Tentei de todos os modos levá-lo a valorizar-se, a amar-se pessoalmente, e consegui dissuadi-lo da ideia de suicídio.

Depois de dizer tudo isso. Agora, faltava um passo: o perdão.

"De jeito nenhum, padre", ele disse. "Não vou perdoar de jeito nenhum!!!"

> Não perdoar é envenenar aos poucos o próprio coração.

"Meu filho", argumentei, "não perdoar é envenenar aos poucos o próprio coração. Você já entendeu que se matar não está com nada, não é? Então, perdoa! Não vai acumulando veneno em seu coração", eu disse.

Ele insistia em que não podia perdoar e eu já tinha esgotado minha reserva de argumentos. Quando vi que não tinha mais nada a dizer, falei: "Meu filho, você tem fé, eu sei, eu o conheço. Não tenho mais nada a lhe dizer, mas Deus tem. Você quer ouvir o que Deus quer falar a você, hoje agora?". Ele olhou-me e disse: "Não sei, padre, não sei!".

"Filho, se eu trouxesse aqui o maior psicólogo do mundo, o maior conselheiro do mundo, a pessoa mais santa do mundo, o sábio mais sábio do mundo, você deixaria de ouvir essa pessoa? Então, filho, Deus é tudo isso e é infinitamente mais. Vamos ouvir o que Ele tem a dizer a você", propus.

Ele quis saber como Deus ia lhe falar e eu disse que era muito simples e peguei a Bíblia: "É a palavra dele, ele vai falar por ela. Você quer ou não quer ouvir o que Ele tem a dizer?".

Quando obtive a concordância dele, pedi-lhe que esperasse um pouquinho e fui à capela ajoelhar-me diante do Santíssimo e dizer a Jesus que me ajudasse, pois era "agora ou nunca"! Olhei para o quadro da Mãe Admirável e pedi que me ajudasse também.

Voltei à sala com a Bíblia e propus que, primeiro, fizéssemos uma oração. Rezei em voz alta, pedindo a Deus que falasse àquele seu filho. Ele parecia estar sendo tocado. Senti que rezava interiormente e que estava emocionado.

"Agora, filho, vou abrir a Bíblia aleatoriamente, sem escolher nenhuma passagem. Deus vai escolher. Ele vai falar."

Pescadores de corações 163

Fechei os olhos e abri a Bíblia. Ainda com os olhos fechados, expliquei ao meu amigo o que estava fazendo enquanto corria a página com o dedo indicador, deixando-o parar em algum ponto. Então, abri os olhos e li: "Mas se não perdoardes, tampouco vosso Pai que está nos céus, vos perdoará de vossos pecados" (Marcos 11, 26).

Choramos os dois. Nosso amigo foi tocado e o perdão brotou em seu coração. Graças à "briga" com Orlando pude evitar a perda daquele coração. "Há males que vêm para bem."

*

Era segunda-feira, dia de descanso do padre. Eu era pároco.

Como algumas pessoas ainda não tinham muita consciência de que na segunda-feira o padre merece uma pausa, escrevi um cartaz e, ainda no domingo à noite, pendurei-o na grade do portão de entrada da casa paroquial:

"Hoje é segunda-feira. Dia de Descanso do Padre. Colabore!"

Aquela segunda-feira havia decorrido sem novidades e pude me dedicar a algumas coisas pessoais. À noite, eu estava vendo o noticiário na TV quando soou a campainha. "Ah, não", pensei; "será possível que não posso nem ver as notícias? Mas vou dar uma bronca...". Na porta de entrada, deparei com duas jovens, e lhes disse: "Vocês não leram o cartaz, não?".

Uma das jovens disse: "Padre, é que minha amiga está com um problema muito sério, questão de vida ou morte".

A moça em questão, com certeza levada pela minha acolhida nada cristã, foi logo dizendo: "Não é nada, não padre! Já passou". Mas a outra insistiu em que o problema não tinha passado e que era grave.

Pedi-lhes desculpas por ter sido tão seco e convidei-as a entrar, levando-as para uma sala de atendimento.

A colega, sabendo que seria difícil para sua amiga, começou a contar a história: "Padre, ela acaba de vir do médico. Descobriu que está grávida. Foi falar com o namorado e ele teve a coragem de dizer a ela que pagaria o aborto e que não estava mais interessado em continuar o namoro. Ela tem medo do pai dela, que vai ficar uma fera... E aí, padre, acha que tem que abortar mesmo?".

"Filha, a gente nunca resolve um problema com outro; tenha a certeza de que Deus te ama agora mais ainda, porque Ele sabe que você está precisando muito mais do carinho dele. Ele não ama você menos do que a mim. Não responda ao amor dele por você fazendo algo que a Ele não agrada. Essa nova vida que você leva no ventre merece todo o seu respeito e amor. Deus ama também essa criança. Não faça a loucura de tornar-se assassina e de levar pela vida toda esse peso terrível em sua consciência. Em meus anos de padre, tenho tido a oportunidade de encontrar muitas mulheres terrivelmente marcadas pelo arrependimento."

Prosseguindo, disse-lhe que seu namorado não a merecia, que não valia uma lágrima dela, muito menos o peso da cruz de não ter deixado vingar uma vida que ela carregaria pelo resto da vida. E conclui: "Seu pai é um problema que se resolve também. Mas não mate essa criança!".

Ela era a fragilidade em corpo e alma. Era a incerteza incorporada e a face do desespero.

Em minha mente, eu procurava novos argumentos para persuadi-la de não fazer o que pretendia: "Filha, há momentos da vida em que estamos diante de dois males. Qual escolher? Devemos escolher o mal menor. Para você levar adiante a gravidez é um mal, mas espero que entenda que abortar também é um mal. Qual o menor, minha filha?".

Confusa, ela disse que não sabia.

Naquele momento, olhei para o retrato do padre José Kentenich que estava pendurado na parede: "Filha, você conhece esse padre?".

Pescadores de corações 165

Ela respondeu que conhecia, pois ia sempre ao Santuário da Mãe e Rainha e que rezava a novena dele.

"Pois bem, minha filha. Eu conheço bem esse padre, tive a felicidade de conhecê-lo pessoalmente, e sei o quanto de bem esse homem fez em sua vida e mesmo agora, após sua morte, continua fazendo pelo seu testemunho de vida, que ficou como herança para o mundo e pela obra que ele fundou.

Quero lhe dizer uma coisa: esse santo sacerdote é filho de uma jovem mãe, chamada Catarina. Ela também um dia descobriu que esperava um filho que o pai não quis assumir". Contei-lhe que Catarina vivera o mesmo drama que ela estava vivendo, e que quando tinha se visto num túnel escuro, sem uma luzinha sequer ao fundo, recorreu à Maria, a mãe das mães, e consagrou a ela a criança que trazia no ventre. Disse-lhe que padre Kentenich, mesmo sendo fruto de um passo dado num caminho errado, se tornou, pela graça e misericórdia de Deus, um grande farol que iluminou e ilumina até hoje muitas e muitas vidas. E prossegui: "Essa criança que você leva consigo poderá ser uma bênção, uma fonte de sua alegria e o alicerce de sua vida! Essa criança existe para ser grande, para ser feliz e para fazer outros felizes! Filha, pede ao padre José Kentenich que te fortaleça. Confia na intercessão dele".

Graças a Deus, nossa sofrida jovem mãe saiu convencida a assumir a vida e a dizer não à morte.

Meses depois, alguém tocou a campainha. Fui atender e era ela, trazendo nos braços um menino: "Padre, estou vindo da maternidade e fiz questão de ser o senhor o primeiro a receber meu filho. Ele é também seu filho".

17

As pescadoras dos pequeninos

Deus realmente faz loucuras por amor, e Jesus é a maior prova dessa "doideira" divina. Para salvar a humanidade Deus se fez homem, "em tudo semelhante a nós, menos no pecado".

Outra prova desse amor loucamente imenso de Deus é Ele ter me escolhido para fundar uma comunidade religiosa para ajudar-me na pesca.

Em 2000, início do novo milênio, nascia a comunidade das Filhas de Maria Servas dos Pequeninos. Há tempos Deus vinha tocando meu coração e pedindo esse passo, mas eu tinha medo de ser apenas coisa da minha cabeça.

Rezei muito, e um dia meu superior, na época padre Inácio Cruz, chamou-me para conversar. Disse que ouvira dizer que eu estava pensando em fundar uma comunidade, eu respondi que não havia nada de concreto, que eu só estava pensando, e que ainda precisava amadurecer a ideia. Disse-lhe que algumas pessoas estavam me incentivando e até pedindo que eu fizesse a comunidade, mas que tinha minhas dúvidas e estava pedindo a Deus a graça do discernimento, que precisava de sinais.

"Padre", ele me disse, "eu o aconselho a não fazer isso. É algo muito difícil. É uma cruz pesada demais que você vai assumir. É uma coroa de espinhos, padre! Não faça isso não! Pense no sofrimento que isso vai trazer a você. Não é fácil!".

Com o coração triste, voltei ao orfanato. Subi a rua um tanto quanto desanimado: se meu superior pensava assim, poderia ser um sinal de Deus.

Ao chegar ao orfanato, Mara me chamou, dizendo: "Padre, o correio trouxe essa caixa para o senhor". Era do Mosteiro Santa Gema, Cotia.

Abri a caixa de papelão. Dentro dela havia apenas um coração de feltro vermelho-vinho e, sobre ele, uma coroa de espinhos. Nem um cartão da madre daquele mosteiro onde eu já havia estado, celebrando para as irmãs; apenas a coroa de espinhos.

Meu superior havia dito que fundar uma comunidade era uma cruz, uma coroa de espinhos. O que Deus queria me dizer com aquele presente inusitado? Não estaria Ele dizendo-me para assumir a coroa de espinhos, que Ele estaria comigo? Continuei rezando e esperando.

Os sinais foram se tornando mais fortes e concretos. Surgiu até uma pessoa que se dispôs a começar a obra comigo, dona Alice, que foi morar no orfanato e se tornou a vovó das crianças. Deus tem seus desígnios. Vó Alice adoeceu e veio a falecer, e do céu, com certeza, é nossa intercessora.

Deus continuava deixando em minha mente e no coração a ideia da fundação.

Depois, apareceu a Margarida, uma senhora viúva, mãe de três filhos e avó de dois netos. Ela me disse: "Quero consagrar minha vida a Deus para servi-lo como religiosa". E começamos a sonhar juntos.

Fomos, então, falar com o bispo de Pouso Alegre, pois pensávamos que nossa Casa Mãe poderia ser em Extrema, Minas Gerais, onde o Centro Educacional Catarina Kentenich tinha um sítio e as crianças passavam férias.

Em um retiro, falei com meu novo superior, padre Antonio Bracht. Contei-lhe do que me parecia ser a vontade de Deus para mim, e ele: "Então, em breve vão chamá-lo de Pai-fundador!?

"Ah, padre, isso nem me passou pela cabeça, mas se acontecer a fundação, quem sabe! Eu penso o seguinte: vou com Margarida visitar o arcebispo de Pouso Alegre e pedimos a opinião dele. Se ele nos acolher, será para mim um sinal de Deus. O que acha?"

"Está bom", ele respondeu. "Fale com o arcebispo e vamos ver o que a Providência fala".

Agradeci-lhe e voltamos a conversar sobre outros assuntos.

Margarida e eu pedimos a ajuda do pároco de Extrema, padre Mauricio Pieroni, para marcar uma audiência com dom Ricardo Pedro.

No dia marcado, lá fomos nós. Dom Ricardo, que nos recebeu no seminário em que estava acontecendo o encontro do clero, saudou-nos e perguntou a que devia a honra da visita.

"Dom Ricardo", eu disse, "há tempos venho sentindo que Deus me pede, não obstante minha pobreza pessoal, a fundação de uma comunidade religiosa para servir de modo especial às crianças. A Margarida está disposta a iniciar essa comunidade comigo; ela tem me ajudado nas férias das crianças, em Extrema, já há algum tempo, e está disposta a consagrar sua vida para sempre nesse serviço."

Mal terminei de falar e ele, sem fazer uma pergunta sequer, apenas disse: "Comecem, com a minha bênção!".

Depois de alguns segundos de silêncio e refeitos da emoção, Margarida disse: "Mas eu sou viúva, dom Ricardo". E ele repetiu: "Já disse: comecem, com a minha bênção".

Pescadores de corações *169*

Saímos felizes e agradecidos, esse era o sinal que Deus nos dava.

Começava ali uma nova história sagrada. O Espírito Santo nos cobriu com sua sombra e começamos uma nova vida.

Margarida teria de renunciar a uma vida já estabelecida, à sua casa em Recife, ao conforto, aos filhos e netos, e começar um novo caminho.

Há anos, uma religiosa da Congregação das Servas do Senhor, irmã Cássia, ajudava-me nas férias das crianças, e sua superiora geral, generosamente, liberou-a para ficar um tempo ajudando Margarida em seu novo caminho. Como sou grato à irmã Cássia e sua congregação!

Precisávamos de um terreno para a futura Casa Mãe, e ao lado do sítio Nova Betânia, onde estávamos com as crianças, havia um terreno que pertencia a um advogado, doutor Silvino Cintra, que morava em São Bernardo. Já fazia quatro anos que ele não vinha desfrutar de sua casinha no sítio e, quem sabe, nos cederia aquele terreno, mas, ao saber do nosso interesse, ele mandou um recado, dizendo que o terreno não estava à venda.

Irmã Cássia teve a brilhante ideia de colocar uma medalha milagrosa no terreno, a fim de que Nossa Senhora tocasse o coração do doutor Silvino. Assim, entramos no terreno e colocamos a medalha no tronco de uma majestosa paineira, em uma espécie de envelope criado pela casca da árvore. Ali depositamos a medalha, enquanto rezávamos com muita confiança e pedíamos à Mãe que nos ajudasse.

Naquela mesma semana recebemos um sinal de que a medalha começava a nos ajudar: doutor Silvino me ligou, dizendo que precisava vender o terreno e perguntando se poderíamos conversar.

Na data marcada para o encontro, fui à casa de doutor Silvino, juntamente com Orlando e Zanqueta, este, um querido amigo de Campinas. Fomos recebidos com muito carinho pelo doutor Silvino e por sua esposa, Ana Maria, e seus filhos, mas a proposta que outra pessoa lhe fizera pelo terreno estava além das nossas posses. Teríamos que desistir, pois não tínhamos nada e nos parecia difícil demais conseguir a soma necessária. Despedimo-nos cordialmente, e doutor Silvino ofereceu-me um belo cristal como lembrança e, mostrando-me outro, disse: "Quem sabe, um dia, esses cristais se encontrem!".

Em Extrema, Margarida teve a ideia: "Vamos procurar um outro terreno e colocar nele a medalha". Aí, entramos outra vez no terreno e nos dirigimos até a paineira para resgatar nossa medalha, mas não a encontramos. Procuramos no chão com muita atenção, e nada. Todas as vezes que íamos a Extrema, entrávamos no terreno do doutor Silvino para dar nova busca, e nada da medalha. Um ano depois, no dia 31 de dezembro, Margarida propôs: "Acredito que Deus quer que rezemos mais pelo terreno, pois é ali que devemos ficar. Mesmo sem a medalha, vamos lá, junto à paineira pedir a intercessão da Mãe Santíssima". E lá fomos nós! Um dos meninos quis ir junto, e irmã Cássia estava conosco mais uma vez.

Junto à árvore, começamos a pedir à Mãe Santíssima que intercedesse por nós e que nos possibilitasse ter aquele terreno. De repente, o menino que estava rezando conosco me chamou e diz: "Pai, olha ali no chão uma medalha". Parecia um sonho: a medalha tão procurada estava ali, à nossa frente, no chão, como se alguém a tivesse colocado lá. Era ela mesma, nós a conhecíamos bem. Foi uma emoção muito grande. Emocionamo-nos até às lágrimas rolarem e agradecemos. De repente, nasceu uma esperança em nós, voltamos a nos animar e começamos a acreditar que Deus realizaria grandes coisas em nós. Sua misericórdia é sem limites.

Voltamos para o nosso sítio, e o fato de a medalha ter aparecido nos trazia novo ânimo.

Doutor Silvino me ligou: "Padre, vou cancelar uma viagem a Salvador para poder ir aí falar com o senhor. Pode me receber?". Sem demora, eu lhe disse: "Claro, doutor Silvino, venha! Será uma alegria".

Começamos a tecer várias suposições sobre o que ele teria a nos dizer. Diria que não iria mais vender o terreno? Diria que vinha morar ali com a família? Diria... E as suposições continuavam.

À noite, doutor Silvino chegou a seu sítio com a família, e os convidamos a passar o dia seguinte conosco. Durante o almoço, do qual participaram também outras crianças, doutor Silvino nos disse que ele e a esposa queriam fazer uma reunião conosco, e marcamos para as cinco da tarde.

"Padre e irmãs, chegamos à conclusão que este terreno não é nosso, mas de Nossa Senhora, e que nós só tomávamos conta dele, e estamos felizes em doar esse terreno a vocês."

A medalha foi realmente milagrosa!

Uma semana depois, com a presença de doutor Silvino, de sua família e de outros amigos e benfeitores, lançamos a primeira pedra do Santuário da Mãe Três Vezes Admirável, que construímos sobre uma enorme pedra que pertencia ao terreno da Mãe Santíssima.

Margarida iniciou seu noviciado em 8 de setembro de 2000. Depois, foram aparecendo aqui e ali outras pescadoras de pequeninos. Com a ajuda de benfeitores, fomos erguendo nossa Casa Mãe. Experimentamos verdadeiros milagres nessa caminhada.

Deus abriu as comportas do Céu e choveu muitas graças pelas mãos da Senhora das Graças. Assim, escolhemos Maria como padroeira da nossa família religiosa, dando-lhe o título "Mãe Admirável das Graças".

*

A Comunidade das Filhas de Maria Servas dos Pequeninos está dividida em dois ramos: da ação e da Contemplação. Graças ao acolhimento paternal de dom Moacir, bispo de São José dos Campos, temos hoje, em Jacareí, o mosteiro Ain Karim (Fonte da Vinha), onde vivem nossas Irmãs da Contemplação.

Ali, pela oração, elas pescam corações, enquanto suas coirmãs fazem o mesmo, trabalhando na linha de frente pelos mesmos ideais.

Com as irmãs e alguns benfeitores, fundamos a Associação Novo Caminho. Com nosso trabalho e oração queremos oferecer novos caminhos, principalmente para as crianças carentes, mas também nos sentimos chamados a servir os sacerdotes que estejam necessitando de ajuda.

Em Extrema, com o apoio dos Amigos do Novo Caminho, que generosamente nos ajudam com doações, por meio de cartas que mensalmente escrevo aos que se cadastram atráves de nosso site, abençoando a todos, evangelizando e contando sobre as pescas que Deus vem realizando dia a dia nas obras, adquirimos um terreno onde construiremos uma casa-lar para nossas crianças: a Casa-Lar São João Menino. E, com toda a certeza, Deus vai nos enviar muitos amigos do Novo Caminho para que a pesca seja ainda mais abundante.

Que Jesus chame muitas almas generosas que queiram também fazer parte dessa família de pescadoras. Vale a pena deixar tudo para pescar corações.

18

O pescador das muitas emoções

Não sei se ele gosta de pescar, mas de sorvete eu sei que sim. Qualquer dia desses eu pergunto a ele sobre essas pescas.

Estou a convite dele em Jerusalém, cidade das emoções e da fé de muitos povos. Aqui, na Terra Santa, sente-se a presença do Santo da terra a cada passo.

O rei Roberto Carlos veio à terra do Rei dos reis para nos emocionar mais uma vez. Ontem, enquanto no Brasil celebrava-se a Proclamação da Independência, soou a voz do menino de Cachoeiro do Itapimirim na cidade santa.

O show, no Sultans Pool, um palco de quatrocentos metros quadrados com sessenta mil watts de som, cujo cenário mostra os principais pontos históricos da cidade, foi um momento de muita alegria e de muita paz, fé, amor e emoções.

Jotabê Medeiros, jornalista que veio a Jerusalém a convite da DC7, promotora do show, escreveu em seu artigo de 4 de setembro de 2011 em *O Estado de S.Paulo*: "Por tudo que carrega de Jesus, como ele mesmo define, Jerusalém se impõe, na visão beata do mundo de Roberto, como um local obrigatório, mesmo para alguém que mistura o repertório da fé com o pagão, sem que um se oponha ao outro. Ou melhor: como se um fosse decorrência natural do outro".

Quando Roberto cantou a Ave-Maria de Schubert em italiano, sentiu-se a presença dessa mulher tão importante na vida de Jesus, e o carinho que nosso rei tem pela mãe do REI. O aplauso do povo às primeiras notas do canto demonstrou o quanto era bem-vinda aquela homenagem à mãe de Jesus, a quem Roberto filialmente pede em uma de suas canções: "Cuida do meu coração, da minha vida, do meu destino".

Um dos pontos altos do show, creio que estou traduzindo o sentimento da maioria, foi quando Roberto cantou "Jerusalém de Ouro", em português e em hebraico, acompanhado por um coral ao som de muitos violinos, com direito a solo de um violinista.

Foi também tocante o momento em que ele homenageou sua mãe da terra, cantando "Lady Laura".

Não pude conter as lágrimas. No bolso de minha batina estava o terço que ela, nossa querida e saudosa Lalá, me havia dado em troca do meu, no último cruzeiro que fizemos juntos.

Ao final, Roberto cantou "Jesus Cristo", e não preciso descrever esse momento, que foi literalmente emocionante.

Sentia-se no ar a presença de Deus.

Glória Maria, repórter da Rede Globo, nos representou muito bem ao dar vasão à emoção que lhe ia na alma. Sua voz embargada ao anunciar o rei soou como se cada um de nós lhe tivéssemos emprestado uma corda vocal: falamos e nos emocionamos nela e com ela.

Alguém pode perguntar o que Roberto Carlos tem a ver com o tema deste livro, e eu respondo: Para mim, Roberto Carlos também tem sido um pescador de corações. Acredito que Deus o tenha usado para tocar fundo a alma de muita gente. São milhares de belas histórias de amor e de casais que se enamoraram e alimentaram o seu amor ao som das canções românticas do Rei. Roberto tem dado a muita gente o sentido de viver e tem ensinado a diferença entre amor e paixão. Ele costuma definir a paixão como uma emoção, que tem a ver com adrenalina, enquanto o amor é um sentimento, que tem haver com a alma, por isso o amor é eterno.

E se pensarmos nas canções-mensagens, quantos corações Roberto aproximou de Deus?! Quanta gente desistiu de abandonar a vida porque as mensagens dele lhe fortificaram a alma e lhe deram esperança e alimentaram o amor? Seu próprio testemunho de fé tem sido uma bênção na vida de muita gente. Creio que se pode aplicar a ele, as palavras dirigidas por Deus a Abraão: "Farei de ti uma grande nação, eu te abençoarei e exaltarei o teu nome, e tu serás uma fonte de bênção" (Gênesis 12, 2).

Nesses anos todos em que Deus me presenteou com a amizade, o carinho e o respeito desse ídolo, Roberto tem sido um pescador também na minha vida. Como meu coração tem sido agraciado com os dons com que Deus tem enriquecido o coração desse seu filho! De ídolo ele foi se tornando em muita coisa um ideal.

Roberto é uma pessoa simples e humilde. Não sei se ele vai gostar do que estou escrevendo aqui a seu respeito, mas minha intenção é apenas mostrar que ser pescador de corações não é privilégio de alguns escolhidos, mas uma missão e um dever de todos nós.

A fama de ser perfeccionista em tudo o que faz, creio que é, em primeiro lugar, fruto de uma consciência humilde e responsável. Padre José Kentenich dizia que Deus não nos pede só o maior, mas o máximo. Pobre de quem já se imagina pronto, sem necessidade de retoques. E mesmo que sejamos sensacionais, é bom lembrar o que nos ensina São Gregório, quando diz que precisamos ter sempre a consciência de que somos apenas um instrumento nas mãos do Senhor. Devemos ter as cordas sempre afinadas e deixar que Ele realize o concerto, sem reclamar para nós a glória dos aplausos.

Quando fui pela primeira vez a um show do Roberto, 25 anos atrás, tive a felicidade de ser levado ao camarim dele por um amigo em comum. Eu já era padre, e Roberto me acolheu cordialmente. Hoje, quando entro no camarim dele, parece que é aquela primeira vez. Ele é o mesmo, e eu também. Ele, no acolhimento amigo, e eu, na emoção e na tremedeira.

Naquela ocasião, tive a coragem de oferecer-lhe um LP que havia gravado. Ele me perguntou se eu cantava, e respondi que, diante dele, tinha até vergonha de responder que sim. Foi então que ouvi, ao vivo e a cores, só para mim, aquela risadinha famosa e característica do rei.

Você pode estar perguntando "por que a cores?", a risada do rei é tão especial que, para quem souber ouvir e ver com o coração, será colorida também. E tem cor definida: a risada dele é azul.

Ao despedir-me, naquela ocasião, eu lhe disse: "Roberto, o que de mais precioso tenho é o meu sacerdócio. Posso te dar uma bênção?". E ele respondeu: "Claro, padre, é do que mais preciso!".

De frente para ele, que já se colocara de mãos postas, estendi as mãos sobre sua cabeça e rezei. Agradeci a Deus por aquele seu filho, por tudo o que ele representava para mim e para nosso povo. Pedi à Mãe Santíssima intercedesse naquela bênção e tracei o sinal da cruz.

Roberto abraçou-me, deu-me um beijo no rosto, e eu, meio atrapalhado, perguntei: "Posso tirar uma foto com você?".

Como ele concordou, dei minha máquina para uma pessoa tirar a foto e coloquei-me ao seu lado. Com carinho, ele colocou a mão sobre o meu ombro, e quando a foto ia ser tirada, ele rapidamente disse: "Aqui atrás tem um espelho e não vai sair bem, por causa do reflexo. Vamos para o outro lado, padre!".

Esse simples gesto, essa preocupação, tocou-me profundamente. Havia muita gente no corredor esperando a vez para falar com ele, e o Roberto, paciente e gentilmente, perdia seu tempo para satisfazer à tietagem de um padrezinho, seu fã.

Até hoje, ainda não captei a amplitude e a profundidade do gesto carinhoso e caridoso que Roberto teve ao gravar comigo, ao vivo, em meu CD *Festa da* fé, e ao participar, também ao vivo, de seu lançamento. Só um coração humilde e generoso como o dele se arriscaria a dar um passo como esse. Minha gratidão por ele será eterna. O que me consola é que tenho a certeza que Jesus o recompensará. "Quem der um copo de água fresca a um desses pequeninos, por ser meu discípulo, é a mim que dá, e terá sua recompensa."

*

Num domingo, durante o tratamento de Maria Rita, levei a comunhão para ela, como sempre fazia. Um amigo meu fez o favor de me levar em seu carro, e sua filhinha, na época bem pequena, mas já muito fã do Roberto, acompanhou-nos. Antes que eu subisse ao quarto, a pequena me entregou uma rosa dizendo: "Padre, leva para Maria Rita, é uma rosa de Santa Terezinha".

Peguei a rosa e subi, enquanto pai e filha ficaram no carro me esperando.

Quando cheguei e entreguei a rosa à Maria Rita, dizendo que era de Santa Terezinha e que quem mandara fora a filhinha do rapaz que me trouxera de carro, o Roberto perguntou se ela tinha vindo conosco. Disse-lhe que estava na garagem, com o pai, e ele pediu para chamá-la, para que entregasse a rosa pessoalmente.

Natália, hoje, é uma moça, mas não esquece aquele momento de emoção em que esteve frente a frente com o rei.

*

Sempre edificou-me o respeito e a devoção com que Roberto Carlos e Maria Rita recebiam a visita do Rei dos reis. Numa das primeiras vezes que levei a comunhão, ao chegar à sala, coloquei o Santíssimo e a imagem da Mãe Peregrina em uma mesa de centro, sobre a qual havia vários objetos e um cinzeiro. Roberto, delicadamente, disse: "Aí não, padre.Vamos colocá-los num lugar melhor". E foi buscar uma mesinha com rodinhas e uma toalha branca.

Muitos domingos, logo ao chegar com Jesus, na Eucaristia, lá vinha o Roberto, pelo corredor, empurrando a mesinha.

Esse testemunho do Roberto é um exemplo para mim, sacerdote, de que preciso cuidar com mais carinho e respeito das coisas do meu Deus.

*

Não há dúvida de que Roberto tem uma magia especial, Deus o cumulou de muitos dons, e muita gente tem se encontrado mais com Deus por meio do encontro com o Roberto. Voltando outro dia da igreja do santo sepulcro, vinham comigo algumas fãs do Roberto de Caxias do Sul, Rio Grande do Sul. Uma delas, Silvana, contou-me que sua filha Fernanda, hoje mãe também, quando tinha 3 aninhos foi a um show do Roberto Carlos, em Porto Alegre, e ficou o tempo todo em pé na cadeira; disse que a Fernanda é fã ardorosa do Roberto e que passou isso, naturalmente, para seu filho, João Bernardo. Quando seu netinho tinha 3 anos, faleceu a mãe do Roberto. A Fernanda, sua mãe, estava escutando a música Lady Laura, e João perguntou quem era Lady Laura. Ao ouvir que era a mãe de Roberto Carlos e que tinha morrido, ele começou a chorar e foi correndo contar para uma parente, vizinha, que Lady Laura tinha morrido. Ele chorava e cantava: "Lady Laura, me leva pra casa, Lady Laura...".

*

180 Padre Antonio Maria

Após o show em Jerusalém, Roberto me perguntou o que eu tinha achado, e respondi-lhe que tínhamos vivenciado uma concentração de amor, pois foi o que realmente senti. Ali, naquela cidade, Jesus deu as maiores provas do seu amor por nós: "Ninguém tem maior amor do que aquele que dá a vida pelo amigo". Ali, em Jerusalém, Jesus se entregou por inteiro, lavou os pés dos seus discípulos, instituiu o sacerdócio e a eucaristia, deu-nos o mandamento novo. Suou sangue, foi flagelado, coroado de espinhos e, no calvário, morreu, dizendo: "Está tudo consumado". Em Jerusalém, ressuscitou. Ali, enviou o Espírito de amor, o seu Espírito Santo, que abrasou os corações de seus apóstolos.

"Roberto, aquele cenário, aquele ambiente que se gerou, a felicidade estampada em cada semblante, o clima de família que vivíamos foi realmente a concentração do amor. Obrigado, muito obrigado", eu lhe disse. E ele, enquanto me abraçava, dizia: "Você quer me fazer chorar... Você é meu irmão...".

Respondi que ele também era meu irmão, e que eu apanhara uma rosa que ele jogara e que a guardaria com carinho como símbolo da concentração do amor vivida naquela noite.

"Sim, sim", ele falou. "Pelo lugar onde estamos, vale a pena", e beijou-me a mão, dizendo: "Bênção".

"Deus te abençoe!", eu respondi, e também beijei sua mão, pedindo a bênção, e ele, do mesmo modo, me abençoou!

19

O pescador dos pescadores

Estou à beira do mar da Galileia, o grande lago de onde Jesus chamou os primeiros apóstolos, que eram pecadores e pescadores. Sim, o mar da Galileia é um lago, mas desde o tempo de Jesus era chamado de mar. Alguns estudiosos dizem que, há séculos, havia uma ligação do mar Mediterrâneo com essa parte da terra prometida e, sendo assim, o lago era realmente mar. Outros dizem que pelo fato de as tempestades serem comuns no lago, como se pode constatar em Mateus (8, 24-27): "De repente, desencadeou-se sobre o mar uma tempestade tão grande, que as ondas cobriam a barca. Ele, no entanto, dormia. Os discípulos achegaram-se a ele e o acordaram, dizendo: Senhor, salva-nos, nós perecemos! E Jesus perguntou: Por que este medo, gente de pouca fé? Então, levantando-se, deu ordens aos ventos e ao mar, e fez-se uma grande calmaria. Admirados, diziam: quem é este homem a quem até os ventos e o mar obedecem?" –, este era chamado de mar porque se parecia mesmo com um.

Vejo como um presente de Deus poder escrever justamente aqui, em Jerusalém, o último capítulo deste livro que fala de pescas e de pescadores. A Providência providenciou!

Jesus é o pescador maior, e não poderia ficar fora da lista dos que aqui foram lembrados. Muitos ainda poderiam ser apresentados, mas aí eu teria de falar como São João Evangelista no final de seu Evangelho: "Se fossem escritas uma por uma, penso que nem o mundo inteiro poderia conter os livros que se deveriam escrever" (João 21, 25).

Aqueles de quem me lembrei foram pescadores e pescadoras que se esforçaram para se tornar imagem e semelhança do Pescador Jesus, que procuraram revestir-se da vida dele e lutaram para encarnar o ideal de ser n'Ele novas criaturas.

Jesus é o Pescador de corações por excelência, que não quis pescar cabeças, mas corações.

Quando Ele enviou o Espírito Santo, escolheu a festa de Pentecostes para fazê-lo.

Por quê?

Em Pentecostes, os judeus celebravam o fato de, cinquenta dias após a saída do Egito, Deus ter feito uma aliança de amor com Moisés e com aqueles que ele representava; o Pentecostes dos judeus, portanto, celebrava a entrega dos dez mandamentos no Sinai, cinquenta dias depois de o povo de Israel ter saído do Egito – era a Festa da Aliança. E Jesus, ao enviar o Espírito Santo justamente na festa de Pentecostes, quis dizer que, a partir de então, a aliança de Deus conosco não seria mais escrita em pedras, mas em nosso coração – a Nova Aliança! Jesus veio lançar as redes para tirar do fundo de nosso peito o coração de pedra e dar-nos um coração de carne: "Dar-vos-ei um coração novo e em vós porei um espírito novo; tirar-vos-ei do peito o coração de pedra e dar-vos-ei um coração de carne" (Ezequiel 36, 26).

*

Deus é amor e quer que o mar do seu amor seja nosso habitat.

*

Depois de mais de dois mil anos de sua passagem pela Terra, Jesus continua sendo o maior referencial de amor. É preciso que cada seguidor dele, cada cristão, abrace o conselho de São Paulo: "Tende em vós os mesmos sentimentos de Cristo" (Filipenses 2, 5).

> Que sentimentos eram os de Cristo? Como era Cristo? O que O caracterizava?

Que sentimentos eram os de Cristo? Como era Cristo? O que O caracterizava?

O que caracterizava Cristo, em primeiro lugar, era a humildade: "Se quiserdes pescar corações, essa isca não pode faltar em nosso anzol, ou a malha de nossa rede precisa ser feita com essa linha". Sem humildade estaremos longe de ter os mesmos sentimentos do maior pescador de corações de todos os tempos.

Outra característica de Cristo: a obediência. Por obedecer ao Pai, tornou-se escravo. Por obediência, deixou-se considerar maldito, porque, como lembrou Paulo em carta ao Gálatas (3, 13): "Cristo remiu-nos da maldição da Lei, fazendo-se por nós maldição, pois está escrito: 'Maldito aquele que é suspenso no madeiro (Deuteronômio 21, 23).'"

Jamais pescaremos corações se obedecermos a nós mesmos, às nossas conveniências e aos nossos caprichos e bem-estar. É preciso obedecer ao Pai, e nessa obediência chegar mesmo ao total aniquilamento e ao grito desesperado: "Pai, por que me abandonaste?".

Pescar corações requer também entregar-se por inteiro, consumir-se. Ninguém pesca peixe usando discursos belos e in-

Pescadores de corações 185

teligentes. O pescador que não se dispõe a sofrer jamais será um bom pescador, pois se o peixe demorar a morder a isca, ele acabará desistindo. Jesus é, de fato, o ponto de referência para quem deseja pescar corações. Nosso Deus é um Deus paciente: "Vós, Senhor, sois um Deus bondoso e compassivo, paciente, cheio de clemência e fidelidade" (Salmos 85, 15). São Paulo não dizia que o amor é paciente e benigno? (I Coríntios 13, 4)

Quem não estiver disposto a dar tempo ao tempo na arte de pescar corações, viverá estressado e neurótico. Cristo é exemplo de total entrega aos planos do Pai, mesmo que estes possam, às vezes, ter a aparência de fracasso. Imaginemos Jesus quando foi apresentado ao povo por Pilatos: *Ecce homo* (eis o homem)! Eis o fracassado! Salvou a tantos e não pode se salvar... Imaginemos Paulo, em Atenas, ouvindo aqueles aos quais ele pregava a boa nova dizerem-lhe: "A respeito disso te ouviremos outra vez" (Atos 17, 32).

Se não quisermos ter os mesmos sentimentos de Cristo não seremos pescadores de corações. Para que tenhamos sucesso na pesca, é necessário que trilhemos o caminho de Jesus. Lucas deixa bem claro: "Porventura não era necessário que Cristo sofresse estas coisas e assim entrasse na sua glória?" (Lucas 24, 26).

Quem quiser ter a glória de ostentar o peixe que pescou terá de estar aberto também aos fracassos. Aquele que se contentar em comprar o peixe no mercado não será um pescador.

E mais uma característica de Cristo: a consciência de missão.

Jesus, o pescador dos pescadores, tinha bem clara sua missão; Ele se sentia enviado pelo Pai – Ele sabia que era o Espírito Santo quem o guiava (Lucas 4, 1). "Eu não vim chamar os justos" (Mateus 9, 13); eu não vim pescar apenas salmão e pintado, mas também bagre, cascudo e lambari.

Quem quiser pescar corações precisa sentir-se enviado pelo Pai para pescar sem selecionar peixes. "Deus não enviou seu Filho para julgar, mas para que o mundo seja salvo" (João 3, 17).

O pescador de corações não pode julgar o peixe em nenhum momento, seja antes, durante ou depois da pesca. Ele deve ser um pescador que só deseje salvar, curar e perdoar.

Que exemplo nos dá Jesus como pescador de corações! Vim para servir e não para ser servido (Mateus 20, 28)! E que grandes pescadores foram madre Tereza, o papa João Paulo II, a irmã Dulce, e muitos outros que vieram para servir!

*

"Eu sou a luz."
"Eu sou o pão."
"Eu sou o bom pastor – Eu sou a porta."
"Eu sou a vida."
"Eu sou o caminho."
"Eu sou a verdade."
"Eu sou a videira."

*

Só será pescador de corações aquele que for luz. Não importa se luz de um fósforo ou de um raio laser, basta ser luz, iluminar com sua vida a vida daqueles que estão nas trevas.

Só será pescador de corações quem estiver disposto a ser pão, a se deixar amassar, sovar e enfrentar insuportáveis graus do calor que o forno do amor oferece. O amor é quente, queima tanto que o Espírito de Amor veio em forma de línguas de fogo. O ouro se prova no fogo (I Pedro 1, 7), e o pescador de corações também!

Só será pescador de corações quem estiver disposto a dar a vida. Pelo batismo, somos "um sacerdócio santo" (I Pedro 2, 5). O sumo e eterno sacerdote, Jesus, é o modelo de todos que, pelo batismo, são chamados a esse sacerdócio santo, que consiste em pescar corações e oferecê-los a Deus. Pelo modelo de Jesus, é essencial que, em seu sacerdócio, o pescador ofereça seu coração juntamente com aquele que estiver oferecendo, sem se contentar com um sacerdócio "de fachada", do tipo: "Ofereço a pesca, mas nem sei que peixe é, pois o comprei no mercado e não tenho nada a ver com ele...".

O pescador de corações tem de se lembrar que Jesus sempre teve muito a ver com aqueles que pescou!

*

Teríamos ainda muito a falar desse modelo de pescador, mas concluo falando da característica que, em minha opinião, poderíamos chamar de essencial em Cristo, que é "ser filho". Quem quiser pescar como Ele, quem quiser ter os mesmos sentimentos que Ele teve, deverá se esforçar por viver a filialidade que Ele viveu em relação ao Pai, sem confundir filialidade com infantilidade. Como disse padre Kentenich, "filialidade é a capacidade para tudo o que é grande". Não há dúvidas de que Deus nos quer seus filhos, e a prova dessa verdade é que "Deus enviou aos nossos corações o Espírito de seu Filho que clama Aba, Pai!" (Gálatas 4, 6).

Que maravilha! Se Deus nos enviou o espírito de seu filho, que Ele nos conceda a graça de vivermos mais autenticamente a filialidade e de entendermos sempre mais que viver essa filialidade é ter consciência de nossa pequenez e de nossa dependência diante do Pai. Que como Cristo, o Filho, possamos dizer: "De mim mesmo não posso fazer coisa alguma, julgo como ouço, e o meu julgamento é justo, porque não busco a minha vontade, mas a vontade daquele que me enviou"(João 5, 30).

Ser filho como Jesus é viver intimamente unido ao Pai: "Eu e o Pai somos um". O filho deve ser também responsável pelo reino de seu pai, e essaresponsabilidade, que Jesus viveu tão fortemente, fez dele o pescador dos pescadores."É preciso que eu realize a obra que meu pai me encomendou" (João 4, 34).

*

A todos que puderem ler estes meus relatos, rogo, "em nome de Nosso Senhor Jesus Cristo e em nome da caridade que é dada pelo Espírito, combater comigo, dirigindo vossas orações a Deus por mim"(Romanos 15, 30).

E prometo não parar de "dar graças a meu Deus e lembrar--me de ti nas minhas orações"(Filêmon 1, 4).

*

Liberdade

Ai que prazer
Não cumprir um dever,
Ter um livro para ler
E não o fazer!
Ler é maçada,
Estudar é nada.
O sol doira
Sem literatura.
O rio corre, bem ou mal,
Sem edição original.
E a brisa, essa,
De tão naturalmente matinal,
Como tem tempo não tem pressa...
Livros são papéis pintados com tinta.
Estudar é uma coisa em que está indistinta
A distinção entre nada e coisa nenhuma.
Quanto é melhor, quanto há bruma,

Esperar por dom Sebastião,
Quer venha ou não!
Grande é a poesia, a bondade e as danças...
Mas o melhor do mundo são as crianças,
Flores, música, o luar, e o sol, que peca
Só quando, em vez de criar, seca.
O mais do que isto
É Jesus Cristo,
Que não sabia nada de finanças
Nem consta que tivesse biblioteca...

Fernando Pessoa, Cancioneiro.

Sobre o autor

Antonio Moreira Borges, o padre Antonio Maria, filho de portugueses, nasceu no subúrbio do Rio de Janeiro, no bairro de Magalhães Bastos, em 17 de agosto de 1945. Seu sonho era ser cantor, mas aos 16 anos decidiu realizar a vontade de Deus aceitando seu chamado ao sacerdócio. No dia de sua ordenação, ao revesti-lo com as vestes sacerdotais, o bispo pediu a ele que cantasse um hino à Nossa Senhora, e assim, no momento em que o padre realizou a vontade de Deus, realizou também seu sonho de ser cantor.

Ele já gravou CDs no Brasil, na Alemanha e em Portugal. E realiza sua missão de evangelizar cantando mensagens de Deus por todo o Brasil e exterior. Pescando dessa forma milhares de corações com a melhor "isca", a do amor. Além do apostolado musical, o padre Antonio Maria apresenta o programa *Novo Caminho*, na TV Século XXI e conduz o quadro *Mensagem de Fé* no Programa Assim é Portugal. É fundador de uma comunidade religiosa chamada "Filhas de Maria – Servas dos Pequeninos", com sede em Extrema-MG, que tem a missão de cuidar dos pequeninos de Deus, que são crianças maltratadas e órfãs. E tem como pai e pastor dom Severino Batista de França, bispo da Diocese de Nazaré da Mata, em Pernambuco, a qual tem alegria e orgulho de pertencer.

Em 25 de setembro de 2011 o padre Antonio Maria completou 35 anos de sacerdócio. E acerca do seu trabalho pioneiro de evangelização por meio da música, diz: "*Não sou um padre cantor, porém, não por mérito meu e sim por misericórdia Divina, um padre que canta.*"

Por meio deste livro, padre Antonio Maria, um dos sacerdotes mais aclamados e respeitados do país, dá continuidade à sua luta para que consiga exercer o mais sublime dom que Deus lhe confiou, o de ser eternamente sacerdote.